SAINTE-HÉLÈNE.

L'auteur et l'éditeur déclarent réserver leurs droits de reproduction et de traduction à l'étranger.

Ce volume a été déposé au ministère de l'intérieur (direction de la librairie) en juillet 1862.

PARIS. TYPOGRAPHIE DE HENRI PLON, IMPRIMEUR DE L'EMPEREUR,
8, rue Garancière.

TOMBEAU DE L'EMPEREUR.

(Page 65.)

SAINTE-HÉLÈNE

PAR

E. MASSELIN

CAPITAINE DU GÉNIE

DESSINS DE STAAL

D'APRÈS LES CROQUIS DE L'AUTEUR

PARIS

HENRI PLON, IMPRIMEUR-ÉDITEUR

8, RUE GARANCIÈRE.

1862

Tous droits réservés

AVANT-PROPOS.

Le gouvernement français ayant décidé que les lieux habités par l'empereur Napoléon Ier pendant les cinq dernières années de sa vie seraient rétablis dans leur état primitif, S. E. le comte Walewski, alors ministre des affaires étrangères, me chargea dans les derniers jours de 1858 de me rendre à Sainte-Hélène pour entreprendre cette restauration. J'ai pu ainsi étudier dans tous ses détails cette île désormais célèbre; son histoire est liée maintenant à celle de notre pays, et c'est ce qui m'a donné la pensée d'ajouter quelques pages à celles qui lui ont déjà été consacrées.

Les Mémoires des compagnons de captivité de l'Empereur ont fait connaître à toute la France l'histoire de ses dernières années. Dans ces écrits que tout le monde a étudiés, l'Empereur occupe presque tout le tableau. Il n'y a de vie que par lui, il n'y a de détails extérieurs que ceux qui le touchent d'une manière directe; le cadre n'existe pas.

Appuyé sur ces illustres devanciers, je viens ajouter aujourd'hui un modeste supplément à leurs œuvres en essayant de faire connaître plus complétement les lieux qu'ils ont habités, et l'île elle-même.

L'indication des travaux de restauration qui ont été entrepris, la description de l'aspect actuel des deux domaines de Longwood et du tombeau, et d'autre part une étude détaillée de l'île en général, tels sont les sujets qui m'ont paru de nature à intéresser ceux qui ont lu avec avidité les mémoires antérieurs. J'espère avoir réussi à les présenter comme il convenait à une exposition de cette nature. Il n'y a guère de moi dans ce travail que le soin avec lequel j'ai recherché et choisi les faits que je rapporte, et c'est sur ma fidélité de narrateur que je compte le plus pour oser prétendre à l'indulgence du public. Les cartes, les vues et les plans dont le texte est accompagné en rendront l'intelligence facile jusque dans les plus petits détails.

ARRIVÉE A LONGWOOD NEW-HOUSE.

(Page 4.)

INTRODUCTION.

SOMMAIRE.

Découverte de Sainte-Hélène. — Premiers occupants. — Chartes de 1661 et de 1674. — Absolutisme de la Compagnie des Indes. — Administration par le gouvernement anglais en 1815. — Retour à la Compagnie. — Sort réservé à Longwood. — Acquisition moyennant un crédit voté en 1858. — Envoi d'officiers français.

Sainte-Hélène paraît avoir été découverte le 21 mai 1502 par le capitaine Juan de Nova-Castella, commandant une escadre portugaise revenant de l'Inde. Mais cette découverte fut peu connue dans les premiers temps, et John Cavendish ignorait l'existence de cette île quand elle se présenta devant lui le 9 juin 1588. Les Portugais possédèrent Sainte-Hélène jusqu'en 1645, époque à laquelle ils l'abandonnèrent.

Les Hollandais s'en emparèrent de suite, et l'évacuèrent d'eux-mêmes en 1651. En 1657, la Compagnie des Indes vint en prendre possession, et le premier gouverneur anglais Dutton y construisit un fort en 1658, ainsi que le confirme l'inscription suivante, trouvée en 1816 :

CAP^N. IOHN DUTTON
GOVERNOR OF THIS ISLE
FIRST ERECTED THE FORTIFICA-
-TION FOR THE ENGLISH EAST
INDIA. COMP. IVNE YE. 4 ANN. DOM. 1658
OPERA TESTANTUR DE ME.

En 1659, l'ingénieur des travaux laissa cette autre inscription :

En 1661, le roi Charles II confirma la Compagnie dans la possession de cette île par une charte spéciale. En 1672, les Hollandais se rendirent maîtres de Sainte-Hélène; mais en 1673 l'île fut reprise par sir Richard Munden, et en 1674 une nouvelle charte vint renouveler les titres de la Compagnie des Indes. Elle se trouvait, en vertu de cette charte, seule maîtresse et propriétaire de l'île qu'elle administrait à son gré. C'était avec ses propres troupes qu'elle veillait à la défense de l'île, c'était elle-même qui en touchait les revenus, et qui en avait la libre disposition. La Compagnie ne vendit pendant longtemps aucune terre à personne, tenant à rester maîtresse absolue de l'île; elle se bornait à affermer des parcelles de terre, sous des conditions très-arbitraires, entre autres celle qui laissait au gouverneur le droit de faire embarquer dans les vingt-quatre heures qui bon lui semblerait, sans enquête, jugement ni indemnité. Le gouverneur avait, au nom des lords directeurs de la Compagnie, le pouvoir judiciaire et civil. Lorsque l'Empereur fut envoyé à Sainte-Hélène, en 1815, une convention spéciale, conclue entre le gouvernement anglais et la Compagnie des Indes, fit passer temporairement l'administration de l'île entre les mains du gouvernement, qui s'engagea à indemniser la Compagnie de toutes les dépenses extraordinaires que causerait le séjour de Napoléon dans l'île.

L'Empereur mort, sir Hudson Lowe quitta Sainte-Hélène, et le 25 juillet 1821, jour de son embarquement, la Compagnie reprit la jouissance de ses droits et priviléges. Ce même jour aussi elle rentra en possession de la ferme et de la maison de Longwood Old-House, de la maison construite à côté par le gouvernement anglais, et appelée Longwood New-House, et des autres constructions élevées à la même époque pour Napoléon et sa suite.

C'est alors que les bâtiments de Longwood Old-House furent utilisés pour l'exploitation d'une ferme. Les priviléges de la Compagnie expirèrent en 1833, mais ce ne fut que le 24 février 1836 que le major général Middlemore vint prendre possession de Sainte-Hélène, au nom de la Reine. Tous les domaines, toutes les possessions de la Compagnie dans l'île, et par conséquent les fermes, furent placés sous la surveillance d'un conseil de commissaires des domaines de la couronne. Le domaine de Longwood Old-House fut affermé à un cultivateur dont le principal bénéfice consistait dans les redevances qu'il tirait chaque jour des visiteurs. Le tombeau de l'Empereur au contraire était enclavé dans une propriété particulière.

On a dû par conséquent acheter cette propriété et obtenir, au moyen d'une indemnité, la résiliation du bail de la maison de Longwood. C'est pour satisfaire à ces deux conditions qu'un crédit spécial fut voté en 1858 par le Corps législatif et le Sénat; et à partir de ce moment l'habitation et le tombeau de l'empereur Napoléon furent inscrits sur les registres domaniaux de Sainte-Hélène, comme appartenant à S. M. l'empereur Napoléon III.

Un officier supérieur de l'armée française, dont les services remontent au premier empire, fut envoyé à Sainte-Hélène pour veiller à la conservation de ces nouveaux domaines. C'est sur le compte rendu par lui de l'état des locaux confiés à sa garde que je fus désigné par mes chefs pour entreprendre, sous la direction du ministère des affaires étrangères, la réparation des dégâts commis pendant trente-huit ans. Arrivé à Sainte-Hélène le 1er mars 1859, je ne me suis rembarqué que le 31 décembre 1860. Les pages qu'on va lire contiennent le résumé de ce qu'il m'a été possible de constater pendant ce séjour de près de deux ans. J'ai préféré faire connaître l'île en premier lieu par son aspect extérieur, attendu que chacun la voit ainsi d'abord; et les sentiments que son aspect éveille dans l'esprit du voyageur se ressentent toujours quelque peu des premières impressions reçues au moment de l'arrivée devant ses côtes.

SAINTE-HÉLÈNE.

CHAPITRE PREMIER.

SOMMAIRE.

Vents de sud-est et arrivée à Sainte-Hélène. — Curiosité des passagers. — Aspect sombre et désolé de l'île à l'extérieur. — Côtes acores et sûres pour la navigation. — Les vallons se réduisent à des crevasses. — Ravin de la prison. — Mouillage. — James-Town vu de la rade.

Le vent de sud-est, qui règne constamment dans les parages de Sainte-Hélène, oblige les navires qui arrivent d'Europe à faire un circuit par l'ouest, à s'avancer considérablement dans le sud, et à appuyer ensuite davantage vers l'est jusqu'à ce qu'ils se trouvent *au vent* de l'île. Ils n'ont plus alors qu'à se laisser aller vent arrière, ou à peu près, et pour l'observateur placé à terre ils semblent suivre la même route que s'ils venaient du Cap. Les navires à vapeur eux-mêmes sont habituellement forcés de manœuvrer de la même manière. Il est vrai que les bâtiments arrivant directement d'Europe à Sainte-Hélène sont fort peu nombreux; presque tous viennent au contraire de la Chine, des Indes, de la Réunion, ou tout au moins du cap de Bonne-Espérance. Aussi est-ce toujours du même point de l'horizon que l'on voit surgir chaque jour de nouvelles voiles, et c'est toujours aussi du côté opposé que l'on voit se diriger les navires qui s'éloignent de l'île. Les capitaines qui ont eu déjà occasion de suivre cette route, et qui savent à quoi s'en tenir sur les ressources de Sainte-Hélène, passent quelquefois sans s'arrêter; mais le plus souvent nécessité fait loi, et si une longue traversée a par trop réduit les approvisionnements, il faut bien faire contre mauvaise fortune bon cœur, et se décider à descendre à terre.

D'un autre côté, on voit fréquemment des navires déposer sur la jetée de James-Town des passagers qui ont exigé du capitaine avant de s'embarquer la promesse formelle de mouiller devant Sainte-Hélène. On devine facilement quel était leur but, mais aucun doute n'est plus possible quand on les voit, à peine débarqués, s'enquérir avec empressement des moyens de gagner Longwood. Ceux qu'un souvenir historique sollicite de cette manière ont depuis la veille interrogé l'horizon pour chercher au loin la place de cette curieuse étape de leur voyage. C'était à qui pourrait le premier démêler le profil de l'île au milieu des brumes qui, sous les tropiques, voilent presque toujours les confins du ciel et de l'eau. A mesure que l'on approche, on voit une masse confuse et noire s'élever au-dessus de l'Océan, ombragée par les nuages qui se groupent autour d'elle. A partir de ce moment, l'œil ne quitte plus ce qu'il a cherché si longtemps; il interroge chaque tache, chaque ligne, tout ce qu'il peut distinguer sur la surface d'un gris sombre qui se présente à lui; il cherche à y reconnaître des arbres, des maisons. Un moment le capitaine indique sur une hauteur, entre deux nuées, un point qu'il dit être voisin de la résidence de l'Empereur, mais déjà la vue est masquée par les roches les plus avancées de l'île, et le bateau continue paisiblement sa route le long d'une côte abrupte et décharnée, qu'il contourne de fort près. Les marins savent qu'il n'y a pas de roches à craindre, et on en profite pour considérer d'un œil étonné les prodigieuses hauteurs de ces rives, les blocs immenses de rochers entassés les uns sur les autres, et les mouettes qui paraissent être seules à habiter ce séjour de désolation. On cherche des vallons, on ne découvre que quelques maigres ravins, plus semblables à des crevasses, et dans ces ravins même on a peine à apercevoir quelque verdure, quelque trace de végétation; on ne voit que des bancs de roches noirâtres, sillonnés par d'innombrables filons serpentant sur toutes les faces de la montagne; nulle part on ne voit un coin pour mettre pied à terre, ni un chemin pour gagner les hauteurs. Il est impossible de rencontrer des rivages offrant un aspect plus inhospitalier que ceux-là. On contourne enfin un piton en forme de pain de sucre, et bientôt on se trouve en face d'un ravin au fond duquel est une prison, et qui est fermé par un retranchement; des triangles noirs se montrent par-dessus cette clôture, ce sont des baraques dans lesquelles on entrepose les noirs trouvés à bord des navires négriers capturés par l'escadre de la côte d'Afrique.

Au bout de quelques instants on entend filer la chaîne, et le navire s'endort tranquillement à l'ancre, en face de *James-Town*, entre d'autres vaisseaux cosmopolites comme lui, et deux ou trois pontons attendant leur tour de démolition. Saisis en flagrant délit de traite, un tribunal maritime spécial les a condamnés à la destruction.

En ce moment on a devant soi le vallon principal de l'île, formant une gorge étroite, resserrée entre deux versants escarpés et arides. Sur les premiers plans on découvre un retranchement fermant la vallée, quelques arbres au milieu des maisons, un clocher rectangulaire, surmonté d'une pyramide peu élevée; plus loin, sur un versant de la montagne, se dessine une route qui grimpe péniblement vers une maison blanche, entourée de quelques arbres. On se sent alors porté à penser que l'intérieur de l'île doit être plus fertile que les côtes, et que ce coin plus riant est l'indice d'une végétation plus riche. La suite montrera jusqu'à quel point cette espérance est fondée.

Enfin on peut remarquer à sa droite, au sommet des hauteurs qui surplombent la ville, deux groupes de constructions; ce sont deux établissements militaires : le plus élevé, et le plus éloigné en même temps, est *High-Knoll; Ladder-Hill* est le nom du plus proche. Ce dernier est même si près de la mer que l'on pourrait craindre de le voir s'affaisser dans l'abîme en écrasant les roches qui le supportent. Le nom de Ladder-Hill est justifié par cette longue balafre qui coupe obliquement le flanc de la montagne, et qui n'est autre chose qu'un long escalier fort

(Page 16.)

VUE DE JAMES-TOWN, PRISE DE LA RADE.

roide, établi là de 1828 à 1829, à l'usage des gens ingambes.

Il faut bien peu de temps à l'œil pour embrasser tout ce qui trouve place dans ce tableau, et le premier sentiment que l'on éprouve est une sorte de malaise. On appréhende le moment où l'on mettra pied à terre, comme si l'on devait être étouffé entre ces deux noires parois qui menacent d'engloutir la ville.

CHAPITRE DEUXIÈME.

SOMMAIRE.

Débarquement. — Premier gîte de l'Empereur à Sainte-Hélène. — Renseignements géographiques. — Disposition générale des crêtes et des vallées. — Aiguille aimantée. — Température. — Vents, orages et tremblements de terre. — Ressac et ras de marée.

Cependant le service de la santé a autorisé la libre communication du paquebot avec la terre. On descend d'abord dans un canot, et un instant après on se trouve devant un escalier sur lequel on a toutes les peines du monde à prendre pied, à cause d'un ressac permanent qui ballotte sans cesse les embarcations le long de la jetée. Si l'on n'a pas tant soit peu le pied marin, on est obligé de s'y reprendre à plusieurs fois, et de s'aider encore de la main que peut vous tendre un assistant charitable.

Les degrés conduisent à une chaussée de largeur inégale, en partie entaillée dans le roc, et en partie prise sur la mer, qui fut commencée en 1789 et agrandie en 1822, puis en 1852 et en 1860; on n'y trouve que quelques magasins sans importance, un dépôt de charbons, une aiguade. Au bout de 150 mètres environ on se trouve resserré entre un fossé de rempart et une courte plage sur laquelle la mer vient se briser en grondant. Un pont-levis conduit pardessus le fossé à un long terre-plein, orné d'une profusion de bouches à feu de tout calibre et de toutes sortes de projectiles. Une sentinelle complète cet appareil de guerre, qui repose en paix depuis des années, et qui n'aura jamais sans doute à déployer ses fureurs. Il n'y a plus qu'une voûte à franchir, et l'on se trouve sur une place carrée, dont l'aspect satisfait la vue. A droite on a d'abord deux ou trois maisons, puis l'église, dont on connaît déjà le clocher; à gauche quelques constructions basses et des arbres, puis un jardin, et à la suite la maison dans laquelle l'Empereur passa la première nuit qui suivit son arrivée, du 18 au 19 octobre 1815 ; en face, une rue large et propre : on est dans James-Town.

La position géographique de Sainte-Hélène est donnée dans l'Annuaire du Bureau des longitudes par la longitude et la latitude de l'observatoire de Ladder-Hill; ces données sont : latitude 15° 55′ sud, et longitude 8° 3′ 13″.

On compte de Sainte-Hélène à la côte d'Afrique 190 myriamètres.

De Sainte-Hélène à la côte d'Amérique, 290 myriamètres.

De Sainte-Hélène à l'Ascension, 96 myriamètres.

La plus grande longueur de l'île est dirigée de l'est à l'ouest; elle est d'un peu moins de 17 kilomètres; sa plus grande largeur est de 11 kilomètres environ. Le périmètre approché est de 45 kilomètres.

Le dessin ci-après indique les points les plus élevés de l'île et les crêtes qui les réunissent. On a ainsi la distribution des différents bassins de l'île. On peut constater l'existence de deux points culminants; reliés à quelques pitons inférieurs par des crêtes généralement étroites, qui finissent toutes par tomber brusquement dans la mer.

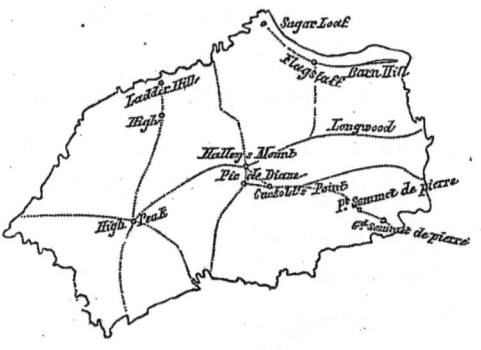

Les vallées sont toutes profondes et d'un parcours difficile dans le sens de leur longueur. Elles présentent souvent des ressauts brusques formant des cascades, dont la principale offre une chute d'environ trente mètres; elle est située près de l'habitation de *Briars*, où Napoléon vint s'établir le lendemain de son débarquement, et où il passa environ trois semaines en attendant que Longwood fût prêt à le recevoir. Les vallées restent étroites jusqu'à la mer:

celle de James-Town est la plus large, et elle n'a encore que cent vingt mètres vers son extrémité.

La déclinaison de l'aiguille aimantée était de 24° 20′ en 1860.

La température de Sainte-Hélène reste toujours comprise entre des limites assez rapprochées. Des observations faites tous les jours à Longwood pendant cinq ans ont donné une température moyenne de 16°, 33. On a eu une fois dans cet espace de temps un minimum de 11°, 10, et une fois un maximum de 25°, 33. On restait habituellement entre 16°, 70 et 22°, 20.

A James-Town, qui est le point le plus chaud de l'île, on a une différence presque constante de 5° avec celle de Longwood. Le mois d'octobre est en général le plus froid et mars le plus chaud.

Le vent de sud-est souffle continuellement sur l'île avec de très-faibles écarts vers le sud et vers l'est; son intensité est généralement assez grande; aussi ses effets sont-ils très-sensibles sur les points qui sont exposés en première ligne à son influence, comme, par exemple, Longwood. De temps en temps, mais à d'assez grands intervalles, le vent passe au nord-ouest par le nord-est, mais il ne souffle de cette partie-là que pendant un petit nombre d'heures, et une pluie vient alors ramener le vent au sud-est. Les calmes complets sont fort rares et durent fort peu. En revanche, les tempêtes autour de Sainte-Hélène sont à peu près inconnues, et sur l'île elle-même il n'y a pas d'orages; on n'y voit presque pas d'éclairs; on n'en a pas aperçu un seul pendant l'été de 1859-60, qui a été un des plus chauds et des plus secs de ces dernières années.

On cite un tremblement de terre à Sainte-Hélène le 15 juin 1756, un second en 1780, un troisième le 21 septembre 1817. On a conservé le souvenir d'une trombe qui a éclaté sur l'île en 1719 et occasionné de grands ravages.

Le ressac qui se fait sentir d'une manière continue devant la jetée de James-Town n'atteint jamais une violence dangereuse; mais on n'a pas oublié dans l'île l'impression produite les 16 et 17 février 1846 par un ras de marée qui est venu ravager les travaux de défense de la baie et la jetée, et couler à fond en même temps plusieurs navires qui se trouvaient sur rade, ainsi qu'un bon nombre de petites embarcations appartenant à des pêcheurs ou à des bateliers.

CHAPITRE TROISIÈME.

SOMMAIRE.

Nuages, brouillards et pluies. — Humidité constante à la surface ; ses effets. — La terre reste sèche. — Observations astronomiques rendues difficiles par les nuages. — Des sources.

La position isolée de Sainte-Hélène au milieu de l'Océan et la hauteur de ses cimes attirent sans cesse les vapeurs qui s'élèvent de la mer et s'agglomèrent autour des principaux pitons. L'île se trouve ainsi presque continuellement couronnée de nuages que le vent roule et chasse devant lui pour les remplacer incessamment par d'autres. Ceux qui sont chassés se dissipent et s'évaporent le plus souvent aussitôt qu'ils ne sont plus au-dessus de terre; en sorte que c'est presque exclusivement au-dessus de Sainte-

Hélène que le temps est couvert, lors même qu'au large l'horizon est bien dégagé. Il n'est pas rare, en outre, que ces nuages prennent un développement tel qu'ils englobent toute l'île, surtout la région exposée au vent, et deviennent un véritable brouillard épais jusqu'à ce qu'un nouveau coup de vent balaye tout à la fois, et permette au soleil de luire pendant quelques minutes. On a remarqué depuis longtemps que le soleil ne se montre sur l'île, en moyenne, qu'un jour sur trois, et encore il s'en faut de beaucoup ce jour-là que son apparition soit continue.

Sans parler de l'humidité inévitable entretenue ainsi dans l'atmosphère par la permanence des nuages et des brouillards, il faut encore faire entrer en ligne de compte les pluies qui accompagnent les uns et les autres.

Voici, d'après une notice de 1816, les quantités d'eau recueillies à James-Town et à Longwood pendant toute une année (les nombres sont donnés en millimètres) :

	James-Town.	Longwood.
Janvier	76,0	55,0
Février	65,7	37,5
Mars	38,7	26,0
Avril	66,5	51,2
Mai	250,3	112,7
Juin	92,5	68,8
Juillet	56,8	46,3
Août	40,7	25,5
Septembre	71,1	51,0
Octobre	16,7	6,4
Novembre	45,5	29,8
Décembre	11,2	4,0
	0,831,7	0,514,2

Mais l'année qui a fourni ces indications a dû être remarquablement sèche, si on en juge par les observations suivantes, qui embrassent une série de plusieurs années pendant lesquelles deux seulement ont atteint un chiffre inférieur à celui que nous venons de trouver pour Longwood. On a en effet obtenu à Longwood :

En 1841	$1^m749,5$
En 1842	$2^m299,7$
En 1843	$0^m944,8$
En 1844	$0^m509,7$
En 1845	$0^m495,9$
En 1846	$0^m675,1$
En 1847 (1)	$1^m079,5$
En 1848	$1^m159,0$

Moyenne des huit années à Longwood, $1^m114,1$.

---

(1) A Plantation-House, même année, $1^m165,6$.

Pour l'année 1848, on a remarqué que le mois le plus sec a été le mois d'octobre, pendant lequel il n'est tombé que $0^m003,1$; on a eu en juin 0^m181, en juillet $0^m234,2$.

Dans la période tout entière que l'on vient de considérer, octobre, novembre, décembre et janvier forment généralement la période la plus sèche de l'année; mais juin et juillet sont généralement les mois les plus humides. Il y a néanmoins des exceptions fréquentes qui ne peuvent surprendre dans un pays où la température varie elle-même si peu. Si un climat peut être réputé humide dès qu'il y tombe plus de 0^m60 ou 0^m65 dans l'année, on voit que Sainte-Hélène peut passer pour un climat humide au premier chef.

Il n'est pas rare de voir tomber pendant des heures entières une petite pluie fine et serrée. Cette pluie se condense presque au niveau du sol, au milieu même des bouffées de nuages que le vent balaye autour des crêtes de la montagne et qu'il précipite jusque dans les vallons. En même temps, on distingue tout autour de soi des vapeurs blanches qui s'élèvent de terre : c'est la pluie qui vient de tomber et qui se relève déjà en vapeurs, sous la double influence du vent et de la température tiède du sol.

Aucune observation hygrométrique n'a encore été faite qu'il soit possible de comparer avec celles faites dans d'autres climats humides ; il est cependant naturel de penser que l'atmosphère doit être presque continuellement au plus haut point de saturation. Quelques remarques faites dans les ménages à Longwood viennent à l'appui de cette présomption; les étoffes de soie, les gants même placés dans des boîtes fermées, se piquent rapidement de taches rougeâtres ineffaçables; les cuirs se recouvrent en peu de jours d'une moisissure abondante.

Quoi qu'il en soit, la terre ne profite pas beaucoup de toute cette humidité; les eaux pluviales sont entraînées de suite par la pente du sol ou reprises par l'évaporation, et à une profondeur de quelques centimètres on trouve habituellement un terrain tout à fait sec. Il en résulte que les récoltes demandent pour réussir des pluies presque torrentielles qui ont seules le temps de laisser quelque chose pénétrer à une certaine profondeur avant que l'évaporation ait tout repris.

Nous n'avons pas eu connaissance des registres d'observations astronomiques faites à Sainte-Hélène en 1676 par Halley et en 1761 par Maskelyne et Waddington; mais il est probable qu'elles ont dû bien souvent être contrariées par l'état nuageux du ciel, et tout particulièrement celles d'Halley, qui s'était installé sur un des points les plus élevés de toute l'île. En 1860, la comète qui a fait son apparition au mois de juin a été vue plus d'une fois de James-Town, dans le nord-ouest, par-dessous le chapeau de nuages qui coiffait l'île; mais il n'a pas été possible de la découvrir une seule fois de Longwood, à cause de l'accumulation des nuages.

Une statistique locale compte dans l'île deux cent douze sources donnant ensemble 8,000 mètres cubes par vingt-quatre heures. Il est difficile de contrôler ces chiffres, les sources se trouvant disséminées de tous côtés ; d'ailleurs il y en a de bien plus abondantes les unes que les autres, et parmi les plus faibles il en est dont l'estimation doit être assez arbitraire, perdues comme elles le sont au milieu d'herbages, dans des terrains détrempés et piétinés par le bétail. Toutes les eaux sont potables, une seule exceptée, celle d'un puits creusé en 1830 dans le vallon de Rupert, à 25 mètres de profondeur ; mais ce puits étant très-voisin de la mer, il est probable qu'il doit recevoir de là des infiltrations saumâtres.

La plus grande partie de ces sources sont trop faibles pour qu'on puisse songer à en tirer parti pour des irrigations ; cependant il y en a encore un bon nombre qui pourraient être utilisées de cette manière, et qui coulent en pure perte à la mer.

CHAPITRE QUATRIÈME.

SOMMAIRE.

Déboisements. — Productions de l'île. — Stérilité des bords. — Effets de l'abolition de l'esclavage. — Effets du vent. — Végétation dans la partie centrale. — Obstacles à la culture. — Légumes et céréales. — Bétail. — Animaux domestiques et sauvages.

L'île de Sainte-Hélène est actuellement, sur la plus grande partie de sa surface, dépouillée d'arbres et même de toute espèce de verdure. Lors de sa découverte, au contraire, en 1502, elle était couverte d'arbres jusque sur le bord de la mer; les espèces principales étaient les gommiers, qui se trouvaient surtout près des côtes; les ébéniers et du bois rouge, qui occupaient les pentes; sur les hauteurs on trouvait le cabbage tree (arbre-chou). Les hommes, et les chèvres introduites peu après dans l'île, ont rapidement fait disparaître toute cette végétation. Ce n'est qu'à une époque peu reculée que remontent les premiers travaux de reboisement partiel, devenus dans l'intervalle impossibles sur bien des points, par suite du départ de la couche de terre végétale. On trouvera dans l'Appendice placé à la suite de cet ouvrage l'énumération des plantes les plus répandues dans l'île. Il est facile de voir, à la seule inspection de cette liste, quelque incomplète qu'elle puisse être, que les productions de Sainte-Hélène sont plutôt celles de la zone tempérée que de la région des tropiques. C'est une conséquence naturelle des conditions thermométriques et météorologiques dans lesquelles l'île se trouve placée. Si l'on remarque en outre que la couche de terre végétale manque absolument sur une grande partie de la surface du sol, que là même où elle existe elle n'offre que peu d'épaisseur, on ne sera pas étonné d'apprendre que les produits de Sainte-Hélène sont inférieurs en quantité et en qualité à ceux de la plupart des pays tempérés.

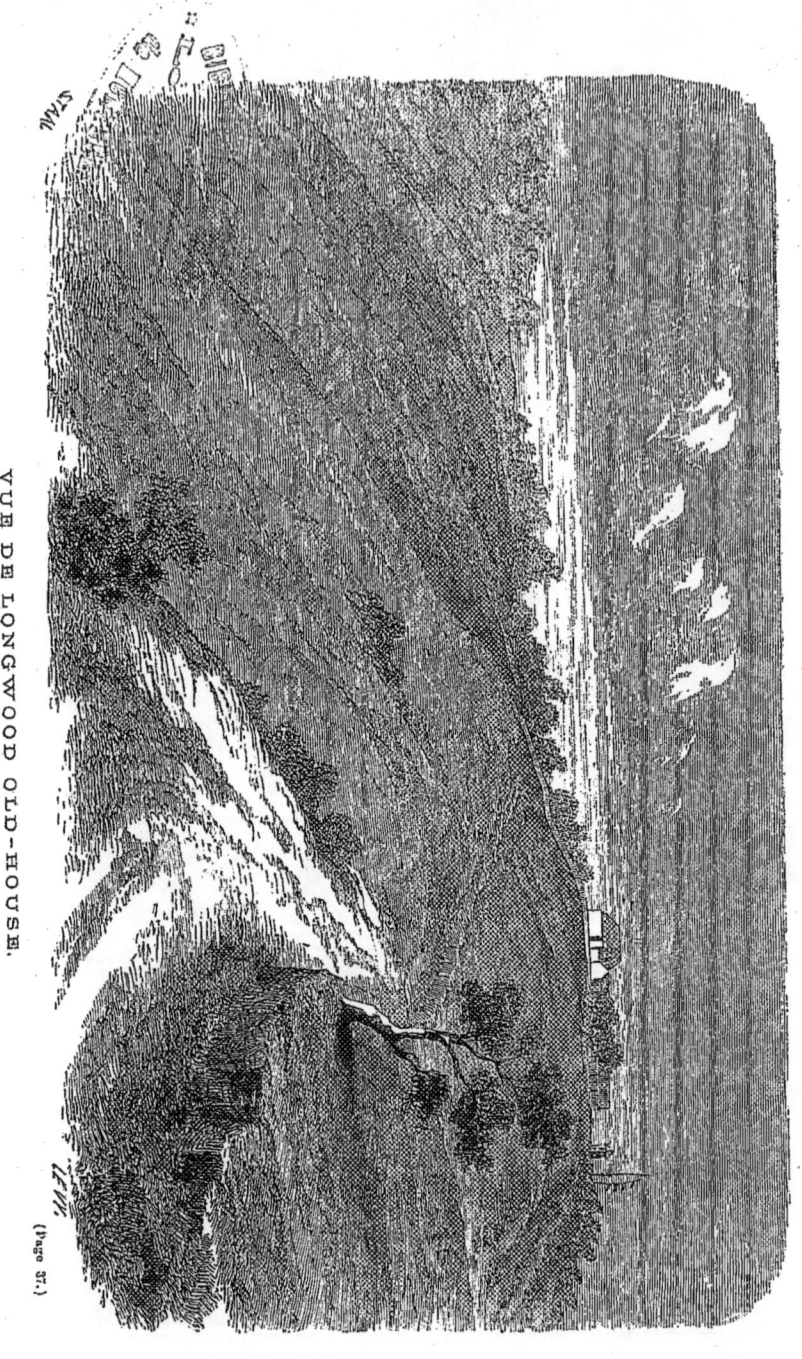

VUE DE LONGWOOD OLD-HOUSE.

(Page 37.)

En dehors d'un cercle de 2,000 à 2,500 mètres de rayon, dont le centre serait placé précisément au milieu de l'île, la végétation est presque nulle; les arbres, même isolés, sont une exception. Il y a seulement çà et là, dans le fond de quelques ravins un peu garantis du vent, quelques coins de terre à peine cultivés, et dans chacun d'eux on découvre aisément des traces de cultures abandonnées. Depuis l'abolition de l'esclavage, en 1832, les nègres, devenus libres de choisir le lieu de leur travail, se sont portés vers la ville, et les terres qu'ils cultivaient restent stériles faute de bras. Sur les pentes de ces ravins, et sur les crêtes qui les séparent, on ne trouve que quelques herbes rares et maigres, quelques plantes grasses rampant à la recherche d'un meilleur sol et quelques ajoncs rabougris.

En dedans de la limite que nous indiquions à l'instant, et qui est plutôt trop large que trop exclusive, on trouve tout ce que l'île offre de vivant et de productif; on rencontre quelques petits bois de sapins, de chênes ou de saules du port Jackson; on voit quelques pâturages et quelques terres labourées. C'est dans cet espace que se trouvent, à fort peu d'exceptions près, toutes les habitations rurales occupées maintenant; et il faut encore trouver place au milieu de tout cela pour des espaces entiers couverts d'ajoncs, de géraniums ou de cactus, et pour les cimes de l'île où dominent les fuchsias, les mûriers sauvages et les arbres à chou.

Sous l'influence du vent régnant, les arbres qui y sont exposés sont de bonne heure couchés sans pouvoir jamais se relever; les branches qui réussissent à percer contre le vent sont de suite rabattues à droite ou à gauche, et bien des arbres ne peuvent dépasser une certaine hauteur, leur cime étant repliée et couchée par les mêmes causes. Les habitations et les plantations qui se trouvent à l'abri de cette funeste influence ont par conséquent un immense avantage. L'œil les signale et les distingue de suite, et leur petit nombre en fait mieux encore ressortir la valeur.

CHAPITRE QUATRIÈME.

La végétation n'est jamais complétement suspendue; les chênes sont presque les seuls arbres qui perdent leurs feuilles en juin, juillet et août; plus d'une espèce de plantes a toute l'année des fleurs et des fruits. Un des plus grands obstacles à vaincre est le grand nombre d'insectes de tout genre, qui n'ont jamais d'hiver rigoureux à subir. Des semis entiers sont dévorés par des larves que l'on rencontre par centaines en remuant le sol; l'échenillage est inconnu dans l'île, et les récoltes s'en ressentent. Les arbres fruitiers ne sont pas greffés, et leurs fruits restent petits, durs et sans saveur.

La culture des légumes est à peu près aussi en retard que celle des arbres fruitiers, malgré le placement facile et à peu près illimité que les produits pourraient trouver sur les navires de passage, sans parler même des besoins de la consommation locale.

La culture des céréales est également peu développée. Bien que la roideur des pentes rende les labours impraticables en beaucoup d'endroits, on est loin cependant d'avoir utilisé toutes les parties de terrain qui eussent pu se prêter à ce genre d'exploitation. Cela tient en partie au manque de bras, qui s'accroît encore de temps à autre par quelques émigrations pour les Antilles, et aussi aux bénéfices qu'un certain nombre de journaliers réalisent sans peine sur le quai avec les navires et les voyageurs de passage.

Le major général Beatson, qui fut gouverneur de l'île de 1808 à 1813, a essayé d'établir le rendement de quelques céréales; mais les résultats qu'il a trouvés présentent des maxima et des minima si éloignés les uns des autres, qu'on ne peut en tirer aucune induction sur la fertilité probable du sol.

Sainte-Hélène est forcée, par suite de ce que nous venons d'exposer, de demander périodiquement, soit au cap de Bonne-Espérance, soit à l'Amérique du Nord, des chargements de farine. L'insuffisance des pâturages oblige aussi les habitants à faire venir très-fréquemment du bétail du Cap. On voit les bœufs et les moutons errer sur le flanc des montagnes pour y chercher une pâture rare et insuffisante; aussi n'obtient-on que des individus maigres et efflanqués, et la viande de boucherie est souvent coriace.

Les animaux sauvages se bornent à peu près à quelques chèvres, des lapins, des rats et des souris. Quant aux oiseaux, les espèces principales sont des faisans, des perdrix rouges, des ramiers, des tourterelles, des serins, des mouettes, des goëlands, et deux ou trois espèces d'oiseaux des tropiques, dont une au moins est originaire de Java.

On n'a pas dans l'île de poissons d'eau douce, et les poissons de mer sont peu variés : les maquereaux, les rougets, les congres et les langoustes, sont les espèces les plus abondantes.

Les animaux domestiques sont les mêmes que ceux de l'Europe et ne méritent aucune mention spéciale.

CHAPITRE CINQUIÈME.

SOMMAIRE.

Départ de James-Town. — Les grandes allures ne durent pas. — Rue Napoléon. — Side-Path. — La ville vue d'en haut. — Bâtiments militaires. — Punition infligée aux soldats anglais. — La chasse aux chèvres. — Coup d'œil en face et en arrière. — Derniers établissements de la ville. — Briars, première résidence de l'Empereur. — Première station de la route; point de vue. — Cascade de Briars.

En moins de temps qu'il n'en faudrait à un ami obligeant pour raconter aux nouveaux débarqués les détails qui précèdent, on a réuni et amené auprès d'eux, en chevaux de selle ou en voitures de louage, tout ce qu'il faut pour les conduire au but de leur expédition, et tous les gamins du pays attroupés autour des chevaux se disputent entre leurs jambes. Leurs figures présentent toutes les teintes des races humaines, depuis le blond pâle du Nord jusqu'au noir le plus foncé; habillés de toutes sortes de manières, mais de préférence avec des guenilles, ils examinent les voyageurs sans étonnement, habitués qu'ils sont à de tels arrivages. Leur seul but est de se procurer quelque menue monnaie, les uns en allant chercher les montures et les gardant avant le départ, d'autres en entreprenant à pied la même course que les touristes.

On part enfin; la rue large et propre faisant suite à la place d'armes est franchie en un clin d'œil par les chevaux, qui ont appris, par l'éducation que leur ont donnée les marins de tous pays, à partir de suite au galop. Mais à peine est-on entré à gauche dans la petite rue qui continue la première, cette belle ardeur se calme un peu, et il faut reconnaître que l'inclinaison de la route justifie suffisamment ce changement dans les allures. La pente, déjà très-marquée au bas de la ville, devient ici tout à fait roide, et ce que l'on peut entrevoir devant soi prouve qu'on en aura pour longtemps. Cette ruelle ne longe que quelques maisons sans importance et passe devant une école construite au fond d'une cour fermée par une grille. On aperçoit sur un angle de mur un écriteau déjà vieux, le seul existant à James-Town, qui apprend au passant que cette rue porte le nom de rue Napoléon. Un moment après, on est en pleine route ; ce chemin, de 4 mètres à peine de largeur, a reçu le nom de *Side-Path*, à cause de sa position sur le flanc du ravin. A gauche on a la montagne, roide et escarpée, dans laquelle la Compagnie des Indes, autrefois souveraine de l'île, a péniblement entaillé cette voie de communication. Il arrive souvent que la pluie détache quelques pierres qui roulent et bondissent sur les pentes et viennent tomber sur la route, sans égard pour les passants. On voit de distance en distance quelques bâtons plantés dans la montagne assez près de la route, et dont on ne peut s'expliquer la présence. Ce sont quelques essais de plantations destinées à donner de l'ombre aux passants ; mais rien n'a réussi, et quelques tiges seules sont encore debout.

A droite, par-dessus un petit mur d'appui en pierres sèches, on voit, sous ses pieds, la partie haute de la ville. Les maisons de ce quartier sont des masures bâties en terre, enduites de mortier maigre, mal blanchies, et couvertes tantôt en ciment, tantôt en feutre bitumé, quelquefois en papier. Voici tout près une maison propre et soignée, avec deux grands palmiers dans la cour : c'est le logement d'un officier supérieur du régiment; plus loin, la grande cour et le pavillon des officiers de ce corps, et bientôt après la caserne elle-même. C'est une grande cour entourée d'un petit rez-de-chaussée, dont on ne voit presque que les toits, tant on domine déjà les maisons.

Dans un angle de la cour, quelque chose qui paraît mû par une manivelle invisible, accomplit lentement des révolutions intermittentes. On s'arrête, et on reconnaît trois ou quatre soldats en blouse blanche qui tournent en rond; ils s'arrêtent subitement et font face vers le centre du cercle : chacun d'eux tient un boulet dans les mains. A un moment donné, ils se ploient net en deux, posent le boulet entre leurs pieds et se relèvent brusquement. Puis ils se tournent de côté comme poussés par un ressort, et se remettent imperturbablement en marche. Quand chacun est parvenu au point qu'avait occupé son prédécesseur, le même moteur caché les arrête, leur fait faire face au centre et les brise en deux; ils se relèvent avec le boulet déposé par leur voisin, et ce mouvement alternatif se répète ainsi jusqu'à ce que la patience la plus vigoureuse soit lasse de regarder. C'est une punition qui s'accomplit en silence, sous les yeux d'un sergent qui semble vissé au sol à deux pas de là.

Un coup de feu appelle tout à coup l'attention du touriste, et au-dessus de sa tête, de l'autre côté du vallon, il finit par découvrir un homme en quelque sorte collé contre la montagne, sur des pentes dont la roideur donne le vertige. Le guide avertit alors que quiconque ne craint pas de se rompre le cou est libre d'essayer cette promenade pittoresque, et de s'exercer en même temps à la chasse en déployant son adresse sur quelques chèvres sauvages, dont les bonds détachent souvent des pierres ou des portions de rocher. Ces éclats roulants arrivent, après plusieurs cascades, jusque dans les maisons de James-Town, et les chèvres sont mises hors la loi.

Une autre route serpente un peu plus à droite sur le versant opposé de la vallée; c'est celle qui conduit de la ville à Ladder-Hill. Tout en haut, et par-dessus quelques rochers en surplomb, on aperçoit le fort de High-Knoll, qu'on n'avait pu voir jusqu'ici parce qu'on était à la fois trop près et trop bas. Le sémaphore établi au sommet transmet à celui de Ladder-Hill l'avis de l'arrivée de quelque navire signalé dans le sud-est, à Longwood ou à Prosperous-Bay.

En continuant encore, voici dans le fond de la vallée une église en construction et une maison que le guide indique comme étant un hospice civil, ouvert gratuitement aux marins de tous pays; puis l'hôpital militaire, abrité par quelques beaux arbres. La ville cesse à ce dernier établissement ; il n'y a plus au delà que quelques jardins, avec des treilles de vignes et quelques palmiers. Quand on se trouve au-dessus de cette extrémité de la ville, les pentes, à droite et à gauche de la route, se couvrent de géraniums et de cactus qui remplissent les interstices des roches. Les fleurs rouges des géraniums se détachent bien sur la verdure un peu jaunâtre des raquettes des cactus.

On arrive ici à un sentier qui descend rapidement au fond de la vallée et à une autre route qu'on laisse également à sa droite ; elle conduit à deux maisons situées sur un petit plateau, passe derrière elles et retombe dans la vallée. Ce groupe de maisons porte le nom de Briars ; c'est dans celle de droite, un peu plus élevée que l'autre, et appartenant alors au docteur Balcombe, que l'Empereur fit un court séjour à la fin d'octobre 1815. C'est une maisonnette qui paraît assez bien entretenue ; le papier de la salle à manger est, dit-on, encore celui qui s'y trouvait déjà à cette époque. La maison voisine appartient à un riche négociant anglais, M. N. Solomon, dont l'associé, M. G. Moss, fait fonction de vice-consul de France à Sainte-Hélène.

La route monte toujours; tout à coup elle se replie brusquement sur elle-même, et l'on franchit péniblement une branche de lacet plus roide encore que tout ce qui précède. Bientôt les chevaux s'arrêtent, haletants et tout en nage, à un coude de la route formant palier horizontal. On est au col appelé *Two gun saddle,* sur la crête qui sépare la vallée de James-Town de sa voisine, à l'est, laquelle est tributaire de celle de Rupert, dont on a vu le débouché vers la mer avant de jeter l'ancre. En avant du spectateur, la crête sur laquelle il se tient s'abaisse encore un peu; mais elle se relève bientôt, sans atteindre toutefois le niveau de ce coude de la route. Par delà cette crête, on découvre la mer aussi loin que peut le permettre la convexité de notre globe; et tout près, paraissant presque à ses pieds, le voyageur reconnaît le navire qui le transporte et ceux au milieu desquels il est à l'ancre. On est là à 360 mètres au-dessus d'eux; et, bien qu'à vol d'oiseau on en soit éloigné de près de trois kilomètres, on est trompé par l'obliquité de l'angle sous lequel on le voit.

Avant de quitter ce panorama, on montre encore, par-dessus les maisons de Briars et à gauche de High-Knoll, quoique beaucoup plus bas, la cascade de Briars. Placée dans un renfoncement tout à fait inaccessible, et entourée de parois de rochers grossièrement dressés d'aplomb, la chute d'eau qui se précipite dans l'abîme ondule au gré du vent comme une longue queue de cheval. Quelquefois on la voit arriver droite sur des touffes de verdure qu'elle recouvre d'écume; d'autres fois, brisée par une rafale, elle vient frapper les roches qui l'entourent sans qu'une seule goutte atteigne le fond. Nos anciens chroniqueurs de Sainte-Hélène rapportent que plus d'une fois, pendant son séjour à Briars, Napoléon dirigea ses pas vers cette cascade, dont les élans inégaux semblaient lui rappeler l'inconstance de sa destinée.

CHAPITRE SIXIÈME.

SOMMAIRE.

Un bois de saules suivi d'un bois de pins. — Alarm-House. — Effet de vent et de nuages. — Longwood vu de loin et le tombeau de près. — Domaine impérial du val Napoléon. — Il est défriché en entier. — Maison du gardien. — Soldat du génie établi à Sainte-Hélène.

Après avoir laissé aux chevaux le temps de reprendre haleine, on se remet en marche, et bientôt après tous les petits gamins qui jusque-là avaient suivi l'expédition littéralement suspendus à la queue des chevaux se séparent de la bande et s'engagent dans un petit bois. La route traverse en ce moment un espace couvert de saules appelés saules du port Jackson. Leurs troncs se coudent et s'infléchissent presque au sortir de terre, et leurs rameaux se lancent dans toutes les directions; en sorte que chaque individu occupe un espace considérable, et qu'il est difficile de passer au milieu des branches. Cependant, malgré l'écartement des arbres, l'ensemble de leurs têtes, sur les plis de terrain avoisinants, donne une masse de verdure assez continue, émaillée de fleurs jaunes. On chemine ainsi au milieu des arbres, en s'élevant toujours, tandis que le grand chemin fait quelques lacets et se replie plusieurs fois sur lui-même. On néglige une nouvelle voie qui s'offre sur la droite, averti que l'on est par une main dessinée sur une planche au-dessous du mot *Tomb*, qu'il faut continuer à gauche pour le voyage qu'on a entrepris. Au bout de quelque temps, les arbres changent d'essence; on traverse un bois de pins, et entre leurs branches on retrouve la mer et le mouillage. Après un nouveau coude, la route, entaillée un peu dans le sol, atteint une crête dont le rebord masque la vue. Sur ce rebord une pièce de canon apparaît, oubliée depuis longtemps et bien endommagée par les intempéries. Bientôt ce bourrelet s'abaisse; le vent, dont rien ne garantit plus, fait acte de présence et décoiffe plus d'un voyageur. Heureusement les gamins sont là; ils ont gravi la montagne au travers des bois pour attendre la cavalcade en cet endroit, et recommencer à se faire remorquer par les bêtes, parfaitement habituées d'ailleurs à ce surcroît de travail.

C'est ici le quartier d'*Alarm-House;* on a tout à côté de soi, au milieu des arbres, cette même maison blanche que l'on avait vue tout en haut entre les arbres, avant de venir à terre. De cette maison on découvre, outre le mouillage, le fort de *Ladder-Hill* et celui de *High-Knoll,* et plus au sud la résidence du gouverneur, à *Plantation-House.* De cette même maison, si l'on regarde vers l'est, on voit le quartier de Longwood et les fenêtres de la maison de l'Empereur. La pièce de canon située tout près de là servait autrefois à donner avis des navires signalés.

Le temps, assez clair jusque-là, devient en

ce moment tout à fait sombre; les voyageurs sont entourés de nuages qui accourent vers eux et passent au milieu d'eux avec une telle vitesse, qu'ils sont presque surpris de n'en être pas heurtés ou déplacés. On y voit tout juste assez pour distinguer la route sous ses pieds, et près de soi, à sa gauche, les commencements d'une pente dont rien ne peut aider à reconnaître la base. Tout à coup on voit dans les nues quelque chose comme un navire à la voile, et avant qu'on ait eu le temps de se demander si on est le jouet d'un mirage ou si les yeux sont seulement éblouis par le brouillard, un coup de théâtre dissipe les nuages et laisse voir une longue ligne de crêtes à peu près de niveau. A gauche on voit un gros piton qu'on appelle du nom de *Flagstaff;* au milieu, quelques arbres derrière lesquels apparaît Longwood, et pardessus, bien au delà, la mer et l'horizon bien dégagé. C'était bien un navire que l'on avait aperçu, et les nuages s'étaient éclaircis tout d'abord dans cette direction; maintenant, ils se sont réfugiés dans cet abîme qui s'étend jusque près de la route où on est en ce moment, et ils y roulent pendant longtemps les uns sur les autres, tandis qu'autour des voyageurs le vent siffle dans les branches des pins et que chacun se boutonne jusqu'au menton.

Tout à coup on distingue tout en bas quelque chose de blanc entouré d'une tache sombre, et le temps s'éclaircissant encore, on reconnaît une maison, des arbres verts : c'est la maison du gardien du tombeau ; le tombeau est tout proche. On se remet en route le long d'un bois de pins qui borde le chemin sur la droite ; et au même moment les dernières vapeurs disparaissent. On s'aperçoit alors que la route s'apprête à contourner, sans presque changer son niveau, un immense amphithéâtre pour arriver à Longwood. La distance à franchir ne serait pas très-grande, s'il était possible de couper court; mais on peut voir clairement jusqu'au fond du gouffre qui occupe tout cet espace et qui n'offre que des pentes abruptes et arides, sur lesquelles quelques rares ajoncs semblent avoir eux-mêmes de la peine à se maintenir.

Un petit contre-fort s'avance timidement au milieu de cet abîme; c'est entre lui et la route que se trouve le petit vallon au fond duquel est le tombeau, et qui a reçu, par la force des choses, le nom de val Napoléon. Il ne faut qu'un instant pour arriver d'Alarm-House à l'entrée d'une petite route qui se sépare à gauche de la route principale, et qui descend rapidement. Les guides font mettre pied à terre, et en s'engageant sur ce petit chemin, on découvre dans toute son étendue ce qui s'appelle maintenant le domaine impérial du val Napoléon.

Le terrain réservé tenant immédiatement à la tombe elle-même n'occupait et n'occupe encore qu'une faible surface; mais le gouvernement français a acquis la totalité de la propriété qui entourait le terrain consacré, et il possède ainsi une douzaine d'hectares d'un seul tenant qui s'étendent sur les deux versants du vallon. Cette propriété est entourée d'une haie vive toute jeune encore, destinée à en former la clôture définitive, et qui est provisoirement ga-

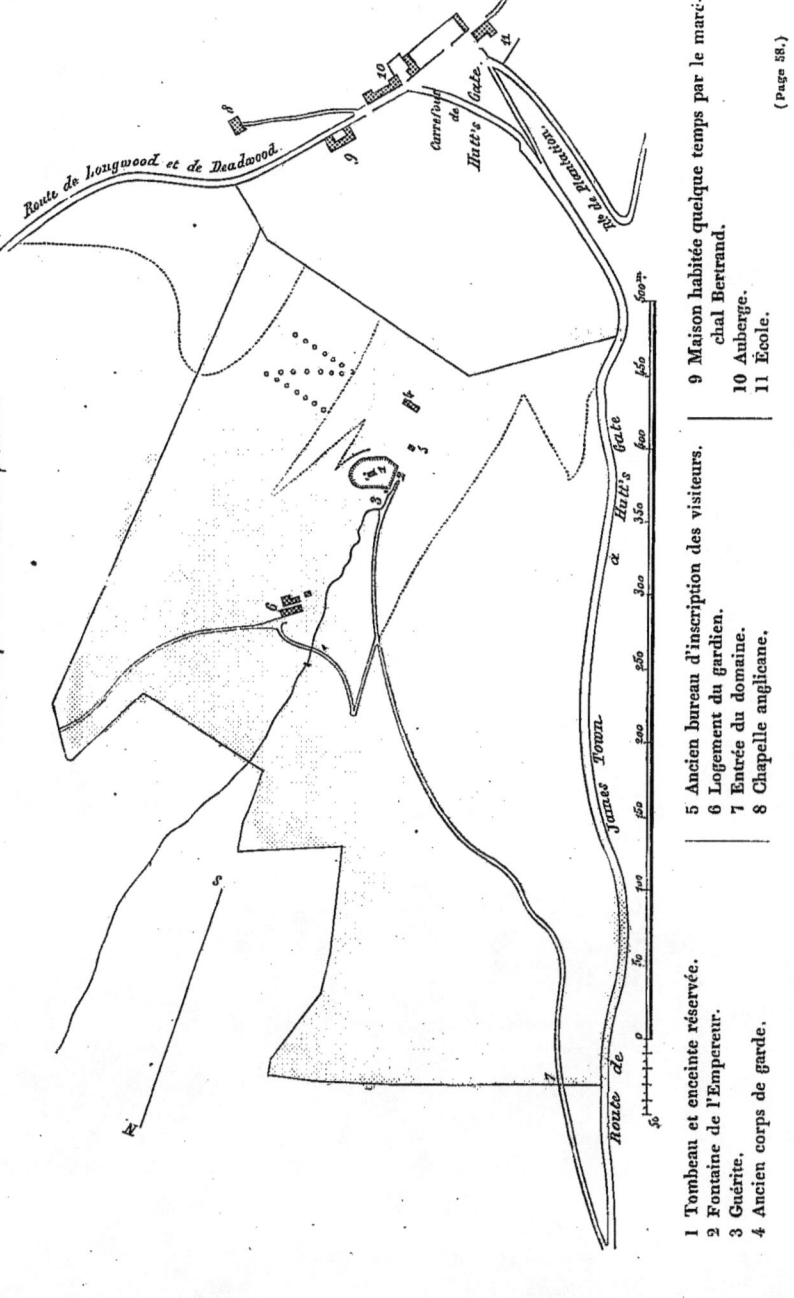

(Page 58.)

rantie par des murs en pierres sèches d'une faible hauteur. Ces murs, relevés pendant le cours des travaux exécutés par la France, avaient été construits autrefois par des nègres; on voit encore tout près de là, et sur divers points de la montagne, des restes d'autres murs semblables. Les uns et les autres, abandonnés pendant des années, se sont affaissés progressivement; ceux du domaine français sont seuls remis sur pied. En dehors de l'enceinte, la montagne n'est couverte que d'ajoncs, tandis qu'à l'intérieur il n'y a que de l'herbe sur toute la surface. Les ajoncs y régnaient naguère encore en maîtres; mais tout a été défriché en même temps que les autres travaux suivaient leur cours, et ce seul nettoyage a suffi pour donner au domaine un aspect propre et soigné qu'il n'eût jamais eu sans cela. A l'entrée de la propriété, on trouve une barrière à claire-voie qui s'ouvre en faisant sonner une cloche destinée à avertir le gardien; la barrière est placée entre deux piliers carrés surmontés chacun d'une bombe anglaise.

Au fond du ravin, tout au bout de la route, et au pied du versant opposé, est la maison du gardien, celle que l'on a signalée en quittant Alarm-House ; immédiatement derrière cette habitation règne un petit bois de pins qui se prolonge jusqu'au tombeau. La maison était, il y a quarante ans, la propriété du docteur Kay; elle a changé de mains plusieurs fois depuis cette époque avant de devenir propriété française, mais jamais personne ne s'était occupé de l'entretenir en bon état. Aussi a-t-on dû récemment la remanier presque en entier. Plus de la moitié des murs, la toiture, les planchers et bien d'autres ouvrages ont dû être refaits complétement à neuf. On a relevé de petits bâtiments accessoires placés en arrière, en sorte que ce logement est réellement une habitation tout à fait neuve. C'est le gardien qui l'habite avec son jeune ménage ; arrivé à Sainte-Hélène comme soldat du génie pour concourir aux travaux qui y ont été exécutés, il est resté là en qualité de gardien et s'est marié avec une jeune insulaire. Il présente aux touristes un registre ouvert depuis l'arrivée de la mission française pour l'inscription des visiteurs, et les conduit à quelques pas de chez lui devant la sépulture de l'Empereur.

CHAPITRE SEPTIÈME.

SOMMAIRE.

Visite au tombeau. — Travaux de restauration exécutés. — Don d'une pierre au monument de Washington. — Clôture de la tombe. — Soins apportés aux travaux. — Conservation du saule. — Une N en pins. — Première résidence du maréchal Bertrand. — Les chevaux ne se sont pas reposés. — On se remet en route.

Voici cette tombe, basse et unie, entourée d'une petite grille en fonte qui protége encore quelques fleurs plantées autour de la pierre tumulaire par les soins pieux des derniers serviteurs de Napoléon. La tombe est ombragée par des saules, comme elle le fut dès l'origine; des cyprès sont rangés en cercle tout autour à une faible distance, et ils sont eux-mêmes enveloppés par une légère barrière en bois. A côté de l'entrée de cette enceinte réservée, on retrouve la guérite du factionnaire anglais qui, de 1821 à 1840, veilla sur les derniers restes de Napoléon. On est là au plus creux du ravin; à droite et tout près de l'enceinte, on voit dans un creux du rocher la fontaine de l'Empereur, dont il avait goûté les eaux une fois dans une promenade, et qui bientôt fut la seule qui servît à son usage. A gauche se trouvent les derniers arbres du petit bois de pins qui domine la maison du gardien, et au fond, entre les branches des cyprès, on distingue à une petite distance la baraque où logeait le poste chargé de la garde du tombeau et celle où venaient s'inscrire les visiteurs. Les derniers plans du tableau sont formés par des massifs d'arbres verts appartenant à une propriété voisine portant le nom de Hutt's-Gate. Tels sont les lieux en ce moment, tels ils étaient autrefois. La grille en fonte du tombeau avait été brisée dans la nuit du 14 au 15 octobre 1840 (1), lors de l'enlèvement

---

(1) Voir la relation officielle du voyage de la *Belle-Poule*, à la suite du *Mémorial de Sainte-Hélène*.

du cercueil par le prince de Joinville. Elle n'avait pas été réparée depuis cette époque, et la tombe était restée ouverte. Une échelle de meunier avait été disposée de manière à permettre de descendre jusqu'au fond, et une toile goudronnée, soutenue par une légère balustrade en bois, avait été tendue au-dessus de la fosse pour en écarter les eaux pluviales.

Le 20 décembre 1859, la mission française se trouva réunie devant le tombeau, avec l'agent faisant fonctions de vice-consul de France et le consul des États-Unis d'Amérique. Celui-ci venait recevoir officiellement, au nom de sa nation, une pierre prise au fond du tombeau de l'Empereur, et accordée tout spécialement par la France sur la demande expresse du gouvernement américain. Cette pierre, détachée de sa place par l'auteur de la présente notice, fut immédiatement enfermée dans une caisse, scellée, et expédiée en Amérique pour trouver place dans le monument élevé à Washington par ses concitoyens avec des pierres provenant de toutes les contrées du globe.

Les parois du caveau avaient également souffert ; tout fut remis en état, et le 20 juillet 1860 le cénotaphe fut définitivement clos ; des barreaux identiques avec ceux brisés jadis vinrent les remplacer et reconstituer la grille. Un fossé de drainage fut pratiqué tout à l'entour, pour mieux isoler les murs du caveau de toutes les infiltrations du sol, et l'enceinte en bois, qui tombait en pourriture, fut relevée sur la même place, suivant les mêmes dispositions qu'elle présentait autrefois. Il en fut de même pour la guérite du factionnaire, de même aussi pour les baraques en arrière. Toute tentative pour perfectionner ou embellir l'ancien ordre de choses eût inévitablement échoué ; il n'était pas possible de se tromper en se tenant exclusivement à ce qui exista jadis ; c'est là, en effet, ce qui fut donné comme règle unique à suivre, et l'on ne s'est pas un instant départi de ces instructions.

Pendant vingt ans aussi, quiconque en eut envie put cueillir à sa guise des branches du saule qui abritait le tombeau. Les ordres sévères donnés par M. le gardien conservateur dès le jour de son arrivée ont immédiatement supprimé cette coutume, et assuré la conservation de ce feuillage qui faisait aussi partie intégrante de la sépulture impériale.

Tels sont les soins avec lesquels les officiers français envoyés à Sainte-Hélène se sont attachés à laisser à ce lieu historique toute la simplicité, toute la vérité que commandaient les anciens souvenirs. Quiconque veut, en faisant ce pèlerinage, faire abstraction de ceux qui l'entourent, peut s'aider de ce qu'il a là devant les yeux pour se reporter en arrière, au moment où la tombe venait à peine d'être fermée, et où les compagnons de l'Empereur vinrent, avant de s'embarquer, arroser une dernière fois les fleurs dont ils l'avaient entourée.

Quand on a consacré quelque temps à considérer ce petit coin de terre qui a tant occupé l'attention du monde entier, et qu'on s'est bien pénétré de l'aspect et de la configuration de ce vallon, on songe que tout n'est pas connu encore, et qu'il faut se rendre à Longwood. On reprend alors lentement le chemin qui ramène à la grande route. On remarque sur quelques points du domaine quelques essais de plantations de pins que la saison n'a pas favorisés, et qui n'ont que bien faiblement répondu aux efforts de l'officier qui les a fait faire. Si l'on se retourne vers le tombeau, on voit trois lignes de pins plantés sur le versant du contre-fort, de manière à présenter à distance l'aspect de la lettre N. C'est une plantation qui remonte à 1825 environ; mais la première branche de gauche avait survécu seule, et les deux autres branches ont dû, il y a peu de mois encore, être replantées à nouveau.

Quand on rejoint la grande route, on aperçoit plus aisément la maison située tout à l'origine du val Napoléon, et qui a déjà été désignée sous le nom de Hutt's-Gate. Dans les premiers temps du séjour de Napoléon à Longwood, cette maison servit d'habitation au maréchal Bertrand; depuis lors elle a été occupée par une auberge, à laquelle on se rendait directement en quittant le tombeau. Mais cette propriété est devenue récemment la demeure d'un ministre anglican, et la communication entre les deux domaines a été supprimée.

L'excursion au val Napoléon devrait laisser aux chevaux le temps de prendre un peu de repos ; mais les gamins leur en laissent rarement le loisir, et ils emploient d'ordinaire ce temps d'arrêt à caracoler par troupes sur la route. Il faut quelque temps pour les réunir et reprendre possession de ses montures ; tout s'arrange enfin, et l'on s'achemine vers Longwood.

CHAPITRE HUITIÈME.

SOMMAIRE.

Le tombeau vu d'en haut. — Hutt's-Gate. — Le Bol de punch du diable. — Longwood apparaît de nouveau. — Aspect désolé du paysage environnant. — Première grille de Longwood. — Détour vers le plateau de Deadwood. — Campement provisoire de soldats anglais. — Courses de chevaux.

En continuant la route de Longwood, après l'embranchement qui descend au tombeau, on suit pendant quelque temps la limite du domaine du val Napoléon; la vue plonge dans le fond du ravin, et on revoit cette tombe devant laquelle on se trouvait quelques instants auparavant. L'écartement la fait paraître plus petite et plus humble encore, et le site qu'elle occupe semble plus ignoré et plus solitaire. On longe bientôt la propriété de Hutt's-Gate, tandis que sur la droite la route continue à être bordée de quelques pins; puis on atteint un carrefour, d'où deux autres routes s'en vont vers la droite. Il y a en cet endroit une école et une cabane servant à la fois de restaurant pour les voyageurs, et de magasin de comestibles pour les habitants de ce coin de l'île.

Le carrefour de Hutt's-Gate est situé sur une crête qui sépare le val Napoléon d'une vallée très-profonde en arrière. A une petite distance au delà de Hutt's-Gate la route commence à contourner le sommet des pentes de cet abîme désolé qui sépare Alarm-House de Longwood, et qui a reçu, tant à cause de sa configuration que de son aspect, le nom de *Bol de punch du diable*. Ce ravin n'a d'issue que par une coupure étroite, qui semble comme une brèche dans les parois du Bol. C'est ici l'origine de la vallée de Rupert, et l'on peut apercevoir par cette coupure deux nouveaux bâtiments arrivant au mouillage.

Quand on a dépassé Hutt's-Gate, on entre dans cette zone extérieure de l'île, dépouillée

LONGWOOD OLD-HOUSE, PRIS DE LA ROUTE DE HUTT'S-GATE.

(Page 73.)

et aride, dans laquelle les arbres font exception, et on ne rencontre plus que quelques oasis dans les environs de Longwood.

Tout en suivant le sommet des pentes du Bol de punch, la route est presque sur la crête elle-même; il ne reste sur la droite qu'un bourrelet plus ou moins élevé, qui abrite tant bien que mal le voyageur des rafales du sud-est. Il voit passer par-dessus sa tête les bouffées de nuages que le vent balaye devant lui, et qui rebondissent à gauche dans les profondeurs de l'abîme.

Bientôt ce masque protecteur s'affaisse et permet de revoir Longwood une seconde fois. On se trouve alors sur la crête entre les deux vallées, précisément au point par-dessus lequel on a aperçu pour la première fois ce qui fait le but du voyage; on n'a gagné que la largeur du Bol de punch. Huit cents mètres à peine, comptés à vol d'oiseau, séparent encore le touriste de la dernière résidence de l'Empereur. On la voit établie au sommet d'un petit soulèvement du contre-fort qui fuit au loin vers l'horizon; les tons frais encore des murailles et des toitures trompent d'abord l'attente du visiteur; mais en songeant à l'état dans lequel cette demeure se trouvait il y a quelques mois à peine, on comprend que les travaux tout récents qui viennent d'être terminés n'ont pu être encore estompés par le vent et la pluie. A gauche, et se rapprochant du spectateur, on remarque une longue plantation de pins inclinés d'une manière uniforme par l'influence du vent. Des ajoncs rabougris occupent presque tout l'arrondissement qui relie Longwood au point où l'on se trouve en ce moment. Plus bas, en s'enfonçant dans la vallée, ainsi que sur le versant opposé, on ne voit qu'une herbe rare et fanée. Plus loin encore, toutes les pentes s'affaissent, des centaines de crevasses irrégulières, fouillées sur les versants par les pluies, déchirent le sol, et portent au dernier degré l'aspect de désolation de la contrée. L'herbe paraît avoir totalement disparu, du moins ne voit-on à distance que des tons gris ou rouges, variés seulement par les teintes diverses des couches argileuses mises à nu dans les fendillements du terrain. Le nombre considérable des rigoles permet de retrouver la suite de chacune de ces bandes d'argile ferrugineuse. L'éloignement finit par confondre tous les tons dans un gris uniforme qu'une silhouette irrégulière vient interrompre en dessinant les dernières ondulations du sol sur le fond bleuâtre de la mer. Le temps est encore couvert, mais un rayon de soleil, passant par-dessus la brume qui recouvre les crêtes de l'île, fait briller au loin le petit observatoire occupé par un sémaphore sur la pointe la plus orientale de Sainte-Hélène.

On ne peut se faire une idée de la tristesse qu'inspire le tableau qui s'offre ainsi à la vue en cet endroit; on a hâte de secouer l'impression produite par le panorama qu'on vient de considérer. Après quelques sinuosités on trouve le long de la route, sur la gauche, des pins croissant sur les pentes roides du ravin, et à un nouveau détour du chemin on a devant soi une vieille grille rouillée, toujours ouverte, suspendue à deux cabanes en ruines, sur les parois desquelles on distingue encore des vestiges d'inscriptions. C'était autrefois l'entrée de Longwood, et les inscriptions sont les restes de l'enseigne d'un petit débitant de liqueurs. Les deux masures sont maintenant occupées, l'une par un fontainier chargé de l'entretien des conduites d'eau, et l'autre par des indigents, à la seule condition de les réparer quand elles en ont besoin. La route tourne à gauche devant la grille, tout en restant sur le sommet des pentes de la vallée de Rupert; pendant quelques instants encore des arbres l'ombragent sur la gauche; mais à cent mètres à peine de la grille tout redevient dépouillé. La crête s'étale et s'aplatit un peu, de manière à former une espèce de plateau qui porte le nom de *Deadwood*. C'est sur cet emplacement que campaient autrefois les troupes chargées de garder l'Empereur; c'est là aussi qu'avaient lieu leurs exercices et manœuvres militaires.

On pourrait croire cette époque revenue, car au bout de trente-neuf ans des tentes ont reparu en cet endroit. Des soldats font leur cuisine en plein air, d'autres nettoient leurs armes et leur équipement, d'autres encore mènent à l'abreuvoir les chevaux de leurs officiers. Une sentinelle placée devant le seul bouquet d'arbres qui paraisse sur le plateau indique la résidence des officiers. C'est là, en effet, qu'ils ont établi leur *mess* dans une maisonnette cachée par le feuillage, et leurs tentes sont dressées en avant. Mais la présence du détachement sur ce point de l'île n'a plus pour cause maintenant qu'un trop-plein dans la caserne de la ville. La garnison récemment augmentée ne tient plus dans les locaux qui lui étaient affectés, et l'animation temporaire de Deadwood ne doit durer que jusqu'à ce qu'il ait été pourvu par de nouvelles installations au logement de ce supplément de personnel.

En arrière des tentes on voit le terrain se relever de plus en plus vers un piton élevé, dont une face seule porte quelque verdure, c'est Flagstaff. Dans l'espace qui sépare le camp des premières pentes de ce piton, les habitants de Sainte-Hélène ont trouvé place pour un champ de courses, sur lequel viennent jouter, à de rares intervalles, les propriétaires des meilleurs chevaux. Ce sont de ces jours qui font époque dans les annales de l'île, et qui attirent à Deadwood un assez grand concours de monde. Il n'y a eu qu'un seul jour de courses pendant les deux années 1859 et 1860.

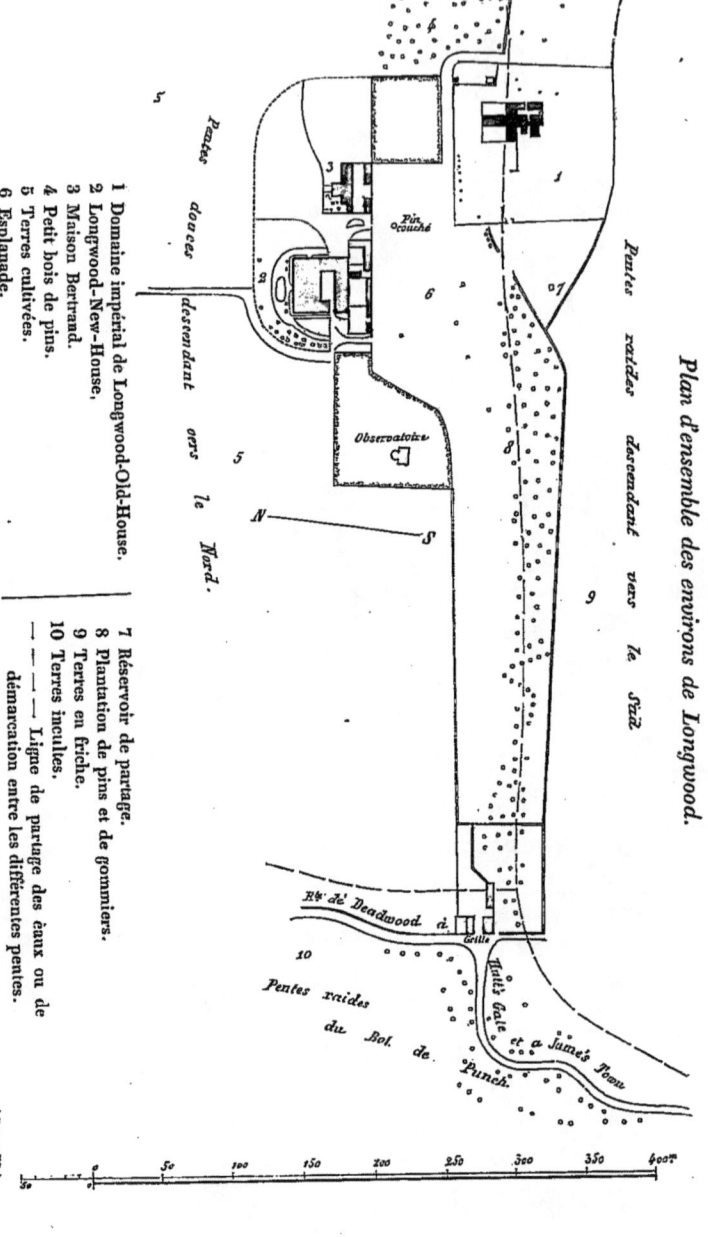

Plan d'ensemble des environs de Longwood.

1 Domaine impérial de Longwood-Old-House.
2 Longwood-New-House.
3 Maison Bertrand.
4 Petit bois de pins.
5 Terres cultivées.
6 Esplanade.
7 Réservoir de partage.
8 Plantation de pins et de gommiers.
9 Terres en friche.
10 Terres incultes.
— · — · — Ligne de partage des eaux ou de démarcation entre les différentes pentes.

(Page 70.)

CHAPITRE NEUVIÈME.

SOMMAIRE.

Retour vers Longwood. — Les remises de Napoléon. — Avenue menant à Longwood. — Effets du vent. — Les pins et les gommiers. — Promenades de l'Empereur. — Arrivée. — Esplanade. — Transformations subies par Longwood Old-House depuis 1821. — Dégradation des additions modernes. — Retour à l'ancien ordre de choses.

Si au lieu de laisser la grille à sa droite on prend le chemin dont elle pourrait fermer l'entrée, on continue à suivre le sommet de cette vallée, à l'extrémité de laquelle on a découvert tout à l'heure le sémaphore de *Prosperous-Bay*. Entre cette crête et celle qui mène à Deadwood, il y a une dépression de terrain assez faible d'abord, mais qui ne tarde pas à se creuser davantage, et qui finit par former le ravin entre Flagstaff et Longwood. C'est entre les pentes qui descendent de ce côté et celles qui s'inclinent vers la première vallée que Longwood occupe une position culminante.

A peine a-t-on franchi la grille, on voit à sa droite deux cabanes vermoulues, que l'on signale à l'attention du voyageur comme ayant servi jadis de remises pour le service de l'Empereur; quelques années encore, et il n'en restera plus aucune trace. On se trouve ici entre deux bourrelets de terre surmontés d'aloès formant une clôture efficace contre les bestiaux; puis une barrière qu'il faut pousser devant soi, et qui retombe d'elle-même quand on l'a dépassée, donne entrée sur un espace allongé qui forme une sorte d'avenue. A gauche la bordure d'aloès se continue en ligne droite, entremêlée seulement de quelques ronces sauvages et d'arbustes traînants à fleurs jaunes. A droite on a une plantation de pins, celle que l'on a remarquée tout à l'heure en découvrant les bâtiments de Longwood. Entre les tiges penchées de ces arbres on aperçoit par-dessus les coteaux et les dernières crêtes de l'île quelques coins bleus de l'Océan.

CHAPITRE NEUVIÈME.

Le vent agite les branches, et le sifflement qu'il produit entre les longues aiguilles des arbres verts rappelle bien plutôt les mugissements de la tempête dans le gréement d'un navire que les accords des harpes éoliennes.

Tout l'espace central de l'avenue est tapissé d'une herbe courte et maigre, que sillonnent des traces de piétons et de voitures. Il y a de distance en distance quelques arbres ébranchés, à tige inclinée comme celle des pins, et dont les feuilles d'un vert glauque se réunissent en petits groupes, formant autant de plates-formes distinctes et éloignées les unes des autres. Une mousse jaunâtre qui envahit leurs troncs et leurs rameaux amaigris fait paraître ces arbres déjà si chauves plus décrépits encore. Ces arbres sont des gommiers dont on ne s'occupe que pour les abattre un à un quand leur végétation s'arrête et qu'on a besoin de combustible. Ces derniers vestiges de ce que produisait l'île avant l'occupation des hommes disparaissent ainsi petit à petit.

Cette avenue et le bois de pins qui la borde,

quelque pauvres qu'ils soient en eux-mêmes, reposent cependant les yeux du visiteur, fatigués déjà de la tristesse et de la monotonie du pays environnant. Leur intérêt s'accroît encore pour bien du monde, quand on sait que plus d'une fois l'Empereur y a promené ses méditations, et que souvent ses excursions en voiture ne dépassèrent pas les limites de ce qu'on embrasse ici d'un coup d'œil.

On a juste en face de soi, en arrivant, tout au bout de cette promenade, la maison même de Longwood, celle que le nom de Napoléon a immortalisée. Les pins les plus avancés n'en laissent voir que l'extrémité la plus au nord; on distingue, au travers des branchages des gommiers, un petit rez-de-chaussée éclairé par cinq fenêtres inégalement espacées et garnies de persiennes vertes; le surplus est encore masqué à la vue. A gauche des bâtiments, le fond du tableau est occupé par quelques arbres. Une légère palissade en bois forme une enceinte à une faible distance en avant de la maison, et l'on aperçoit, par-dessus la toiture, les pavillons du poste télégraphique qui relie celui de Prosperous-Bay à celui de High-Knoll.

Depuis que l'on a franchi la grille, le sol s'est abaissé lentement jusque vers le milieu de l'avenue; mais à partir de là il se relève progressivement, et l'on reconnaît, en approchant, que *Longwood Old-House* est établi sur le sommet d'un petit monticule. La haie d'aloès qui bordait la promenade s'écarte brusquement vers la gauche, et laisse ainsi, en avant de la résidence impériale, une espèce d'esplanade au fond de laquelle est un gros pin renversé par un coup de vent, mais qui n'en a pas moins continué à croître dans cette attitude paresseuse.

Le voyageur qui arrive à la porte d'entrée du domaine actuel de Longwood Old-House, après avoir étudié les vues qui en ont été prises il y a quelques années, et que l'on trouve dans le commerce, éprouve un certain embarras à se reconnaître. Il cherche des murs qui n'existent nulle part, des hangars qui ont disparu; il voit une maison qu'il croit reconnaître pour l'avoir vue sur ces dessins ; mais elle est au premier plan, tandis que ses souvenirs la placent plus en arrière. C'est qu'en effet les constructions sont moins nombreuses maintenant qu'il y a peu d'années encore, et que celles qui restent debout ont été plus ou moins transformées. Mais les modifications effectuées n'ont eu pour objet que de revenir à l'ancien ordre de choses, et de rendre à cette habitation l'aspect qu'elle présentait jadis. Voici, par exemple, un peu vers la gauche, un perron fermé par un treillage ; puis une maison basse qui se montre de face et qui en rencontre une autre dont on ne voit d'abord que le pignon. Rien ne cache ces deux corps de bâtiment, si ce n'est un simple mur qui se prolonge vers la porte d'entrée ; il en était de même autrefois, avec cette seule différence que ce mur isolé, qui s'avance vers le spectateur, fut primitivement construit en gazons et en terre. Depuis 1821, ce mur avait fait place à un hangar et à quelques maisonnettes reliées par des murs, telles que les représen-

LONGWOOD OLD-HOUSE EN MARS 1859.

(Page 86)

tent les dessins dont on parlait à l'instant. Mais ces constructions additionnelles ne furent pas mieux entretenues que les portions plus anciennes; et quelques dessins, exécutés vers 1845, les représentent comme également dégradées. A la fin de 1858, la plupart de ces murs s'étaient affaissés jusqu'au sol, et il ne restait à peu près sur pied qu'un hangar et une hutte isolée.

En se tournant un peu vers la droite, on voit une maison à un étage à peu près sur le même plan que celle dont on vient de mentionner le pignon; les dessins de ces dernières années représentent, en avant de cette maison, une enceinte rectangulaire en mauvais état. C'était une addition postérieure à 1821, et dont les restes ont été renversés pendant le cours des travaux exécutés en 1859-1860. Un corps de bâtiment partant de la maison à un étage, mais composé seulement d'un rez-de-chaussée, s'étendait vers le sud-sud-est. Il fut occupé jadis par les généraux Montholon et Gourgaud, par le docteur O'Meara et par l'officier anglais de garde. Les instructions données par le gouvernement de l'Empereur ont prescrit de raser les derniers restes de cette partie de Longwood.

Plan du domaine impérial de Longwood Old-House, indiquant l'état des lieux au commencement de 1859.

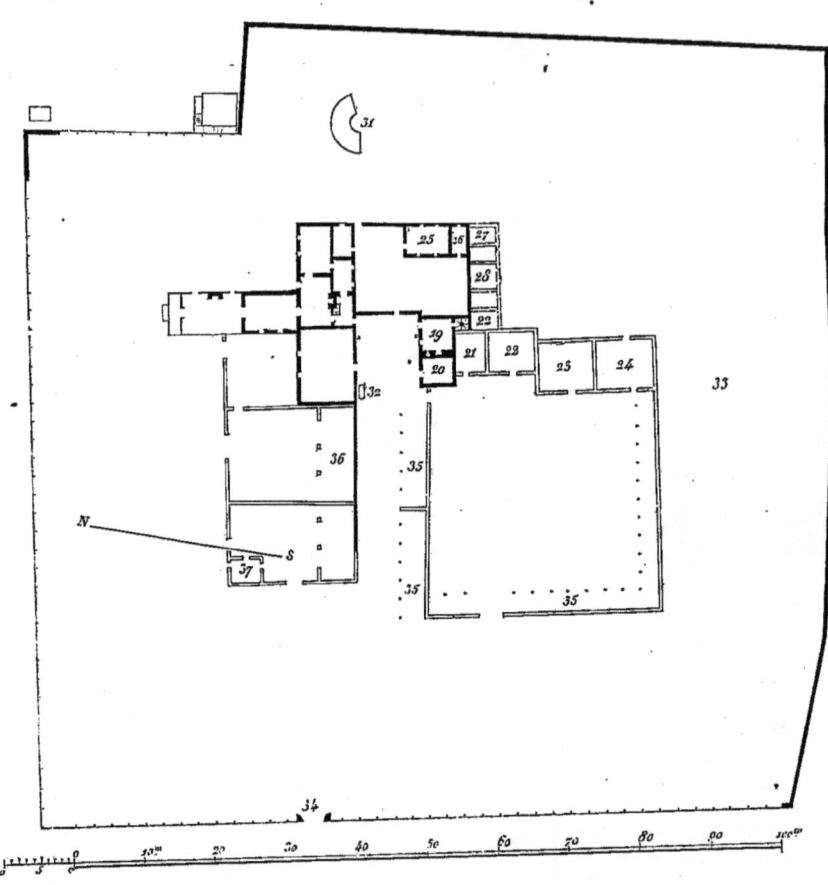

19 Cuisine.
20 Lingerie.
21 Chambre de l'officier de garde.
22 Général Gourgaud.
23 Docteur O'Meara.
24 Général Montholon.
25 Argenterie.
26 Réduit.
27 Réduit.
28 Comte Las Cases.
31 Bassin de l'Empereur.
32 Citerne.
33 Terrains vagues.
34 Entrée des domaines.
35 Hangars et appentis.
36 Grand hangar.
37 Porcherie.
▬▬ Bâtiments anciens restaurés.
══ Bâtiments postérieurs à 1821, rasés en 1859-60.
══ Bâtiments antérieurs à 1821, rasés en 1859-60.

(Page 87.)

CHAPITRE DIXIÈME.

SOMMAIRE.

Verandah. — Salon d'attente. — Les croisées à guillotine. — Le salon de l'Empereur. — Son buste en marbre à la place de son lit de mort. — Indication des travaux effectués. — Bâtiment en retour. — A gauche, la bibliothèque et la salle à manger; cabinets en arrière. — A droite, cabinet de travail, chambre à coucher, etc. — Rétablissement fidèle de l'ancien état des lieux.

Si l'on entre dans les bâtiments de Longwood par le perron dont il a déjà été question, on se trouve d'abord sous une verandah qu'il a fallu refaire de toutes pièces. Il ne restait plus que des lambeaux du treillage ; mais heureusement ces lambeaux permettaient encore de recomposer tout l'ensemble de la disposition, tant pour le dessin que pour les dimensions des bois employés. On a remis en état les marches, le dallage et la couverture de la verandah, en se conformant avec soin à ce que l'on pouvait reconnaître des anciennes formes.

La pièce qui vient déboucher sur cette verandah est moins ancienne que le surplus de la maison; elle fut ajoutée à la hâte à l'ancien Longwood pendant le séjour de l'Empereur à Briars. C'est une construction légère en pans de bois, coffrée en planches à l'intérieur et à l'extérieur, munie d'une cheminée en maçonnerie et éclairée par deux fenêtres vers l'est et trois autres vers l'ouest. Elle a été désignée à la fois comme salle de billard et comme salon d'"attente pour les visiteurs; mais c'est ce dernier nom qui a prévalu après que le billard eut été reporté dans un autre local en arrière. On a dû, dans cette première pièce, consolider la charpente de la couverture, et réparer celle des pans de bois; refaire à neuf le plafond en voliges minces, les portes, les fenêtres et le plancher. C'est en remaniant le plancher que l'on a trouvé les traces du perron qui conduisait primitivement à la pièce suivante; ce perron fut

CHAPITRE DIXIÈME.

démoli en partie, et reporté à sa place actuelle quand on construisit le salon dont il s'agit en ce moment. Cette chambre est peinte à l'huile en vert clair, avec un petit filet noir encadrant chacune des faces des parois; mais on a été obligé de refaire, jusqu'à deux mètres de hauteur, le coffrage intérieur de cette pièce, tant les voyageurs avaient gravé profondément leurs noms dans le bois.

Les fenêtres offraient encore quelques restes d'après lesquels on a refait ces croisées neuves. Elles sont à *guillotine*, c'est-à-dire mobiles entre deux coulisses verticales, à l'aide de contrepoids pour lesquels une rainure est ménagée dans le châssis dormant; on se contente quelquefois, pour les maintenir ouvertes, d'un taquet butant dans les entailles d'une crémaillère. Dans tous les cas, elles ne permettent jamais d'ouvrir la fenêtre plus d'à moitié; et si on veut avancer la tête au dehors, on s'expose à recevoir sur la nuque une portion tout au moins de ces châssis mobiles.

En entrant dans la seconde chambre, on voit

tout d'abord un beau buste en marbre de l'empereur Napoléon Ier, placé sur un piédestal noir entre les deux croisées qui éclairent cette chambre. C'était le salon de Napoléon; et c'est à la place qu'occupe le buste que son lit se trouvait placé, le 5 mai 1821, au moment de sa mort. Le papier jaune clair, à fleurs vertes, qui tapisse les murs, est la reproduction fidèle de celui qui les recouvrait autrefois; la cheminée a repris son ancienne place; une garniture en marbre noir encadre le foyer et rappelle celle qui s'y trouvait jadis. En voyant cette chambre remise ainsi dans son ancien état, on ne se figure pas bien ce qu'elle était en 1859, lors de l'arrivée de la mission. Pour se le représenter, il faut supposer le plafond enlevé laissant voir la toiture, et le plancher rabaissé de trente à quarante centimètres; il faut supprimer la cheminée et sa souche et placer un faux plancher à mi-hauteur de la chambre sur une moitié de sa surface; il faut enfin ajouter par la pensée, entre les deux fenêtres, une autre fenêtre plus élevée.

CHAPITRE DIXIÈME.

On a nécessairement dû supprimer le faux plancher, réparer les murs, boucher la fenêtre haute, refaire la cheminée et le plafond, relever le plancher, et rétablir toutes les boiseries, dont il restait à peine quelques vestiges.

A la suite de cette chambre se trouve le bâtiment en retour, qui se compose de quatre pièces sur la façade nord et de cinq cabinets plus petits sur la façade sud. Les premières sont : la bibliothèque à l'est, puis la salle à manger, sur laquelle vient s'ouvrir la porte du salon, le cabinet de travail de l'Empereur, et à l'angle ouest, sa chambre à coucher.

La bibliothèque est peinte en vert; elle a deux fenêtres et une porte sur le jardin; un coffrage en bois, appliqué dans cette chambre contre le mur tourné vers l'est, garantit un peu la pièce de l'humidité laissée dans le mur par les pluies qui viennent incessamment battre ce pignon. La salle à manger n'a que des portes; celle qui donne sur le jardin est vitrée; mais elle ne suffit pas pour rendre la chambre bien claire; cette pièce est tendue en papier rouge à dessins d'or, fabriqué tout exprès, comme celui du salon, d'après un débris de celui qui s'y voyait autrefois. Les trois petits cabinets qui complètent le rez-de-chaussée de cette partie du bâtiment sont peints à l'huile en vert clair. Dans celui qui communique avec la salle à manger se trouve une échelle de meunier conduisant aux logements pratiqués dans les combles.

On retrouve dans les diverses chambres dont nous venons de parler les mêmes croisées que celles déjà signalées dans les deux premiers salons ; les autres boiseries présentent aussi les mêmes dispositions et les mêmes moulures ; mais il a fallu ici tout reprendre de fond en comble. Non-seulement les boiseries, mais encore les murs et les plafonds ont été refaits à neuf. Les murs, bâtis autrefois en mortier de terre, et fatigués par les changements apportés dans l'emplacement des baies, ne pouvaient supporter de nouvelles transformations. On a refait par parties successives, et en mortier de chaux, tous ces pans de murs, à l'exception seulement de celui qui entoure la cheminée de

ARGENTERIE ET COUR INTÉRIEURE EN MARS 1859.

la salle à manger; en sorte que l'on a plutôt une maison neuve qu'une maison réparée.

L'auteur de cette notice, en arrivant à Longwood, a trouvé, à l'ouest de la salle à manger, une chambre unique à la place qu'avaient occupée la chambre à coucher de l'Empereur, son cabinet de travail, un cabinet de bain et une antichambre. Dans cette pièce, qui s'élevait jusqu'aux ardoises de la couverture, les portes et les fenêtres n'étaient plus à leurs anciennes places; les planchers avaient été remplacés par un pavage. Des renseignements précieux, recueillis du temps de Napoléon, et quelques faibles vestiges retrouvés sur les murs, ont permis de rendre aux cloisons, aux portes, aux fenêtres, aux plafonds et aux planchers, ainsi qu'à la cheminée de la chambre à coucher, les places qu'ils occupaient autrefois. Les deux grandes pièces ont reçu un papier de la même couleur que la mousseline tendue jadis sur leurs parois; en sorte que l'aspect de cette maison, tant à l'intérieur qu'à l'extérieur, est en tout point celui qu'elle présentait avant 1821.

CHAPITRE ONZIÈME.

SOMMAIRE.

Logement des serviteurs de Napoléon. — Argenterie et cuisine rasées et relevées. — Petits locaux disparus et réédifiés. — Corridor et salle de billard. — Quelques corps de bâtiment n'ont pas été relevés.

C'était au-dessus de tout le rez-de-chaussée, à l'exception du salon d'attente, que furent logés les serviteurs de Napoléon, dont les mémoires du temps nous ont conservé les noms. Relégués dans de petits réduits, sous la pente même du toit, et éclairés par des châssis à tabatière, ces fidèles serviteurs vivaient là sans se plaindre. En consultant les entailles, les traces de clous, les restes de papiers collés sur le bois que présentaient encore les chevrons et les autres pièces de la charpente, on a pu reconstituer l'ancienne distribution, et rendre là comme ailleurs à chaque chose sa place primitive.

Tels sont, en substance, les travaux qu'a occasionnés la restauration de la partie de Longwood Old-House qui formait le logement personnel de l'Empereur; on peut cependant ajouter encore que la couverture a été refaite en entier, soit avec les anciennes ardoises, soit en ardoises neuves. Il ne restait qu'une seule persienne, qui tombait en poussière; toutes les baies en ont reçu de neuves sur le même modèle.

En arrière de la maison principale, on en remarque deux autres ayant un étage au-dessus du rez-de-chaussée. Celle de derrière, qui porte le nom de bâtiment de l'Argenterie, était complétement en ruines au commencement de 1859; tout le pignon sud et une partie de sa façade ouest étaient tombés, et la toiture restait en équilibre sur le vide, supportée tant bien que mal par les murs encore debout. L'autre maison, appelée bâtiment de la Cuisine et de la Lingerie, était un peu moins dégradée à la même

CHAPITRE ONZIÈME.

époque. Il a fallu cependant la raser en entier, de même que l'Argenterie, avant d'en entreprendre la reconstruction. Du bâtiment de la cuisine on voit parfaitement l'entrée du domaine ; c'est ce qui a décidé à y faire loger l'ancien sous-officier du génie actuellement préposé à la garde de Longwood. Les deux maisons de l'Argenterie et de la Cuisine ont été relevées exactement sur leurs anciennes places, avec les mêmes dimensions ; la première a été couverte avec les tuiles provenant de la seconde, et celle-ci a été couverte en zinc, faute de tuiles.

Ce que l'on peut voir encore en sus des bâtiments ainsi décrits a été relevé d'après les anciens renseignements conservés, sans aucun reste encore existant, autre que le mur reliant le bâtiment de la Cuisine à la maison principale. C'est donc avec l'aide des anciennes données seulement qu'on a dû refaire les murs reliant l'Argenterie à la maison de l'Empereur et à la Cuisine, et placer dans la cour les trois petits appentis qu'on y remarque. Celui sur le côté est remplace un office, et celui en face un cellier; l'appentis appuyé contre la cuisine remplace le lavoir et le garde-manger; il est également occupé par le gardien. Le bâtiment de la Cuisine est relié à celui de l'Empereur par un corridor auquel est accolée la salle de billard, munie de fenêtres sur ses trois autres faces.

Toutes ces constructions neuves ont été faites en pans de bois coffrés en planches à l'extérieur et couvertes en zinc. Celle qui sert de cellier a été recouverte d'un enduit en ciment, à cause de son exposition à la pluie. Le corridor et la salle de billard ont été munis d'un second coffrage à l'intérieur. Des traces retrouvées sur le bâtiment de la Cuisine fixaient la hauteur et la pente du toit du corridor; quant à celui de la salle de billard, on savait quelles étaient la direction et la hauteur de son faîtage; on savait aussi que la face antérieure de cette dernière pièce était garnie d'un assez grand vitrage.

Ainsi qu'on le voit par l'exposition qui précède, le travail de l'officier qui conduisait l'entreprise a toujours été guidé par des indications suffisantes pour qu'il ait pu terminer son œuvre sans s'écarter de la fidélité historique la plus absolue. Lorsque pour un détail de peu d'importance il a manqué de renseignements, il a consulté les exemples du même genre les plus voisins; les deux écarts les plus grands qu'il puisse signaler sont le pavage de la cour intérieure, qui, d'après les anciens écrits, aurait été toujours sale et boueuse, et l'addition d'un petit cabinet dans cette cour.

L'attention minutieuse avec laquelle on s'est attaché, dans tout le travail de restauration exécuté à Longwood, à reproduire les anciens détails, était commandée d'ailleurs par l'esprit des instructions d'après lesquelles ce travail avait été entrepris. Cette restauration tirait en effet son principal intérêt de la vérité avec laquelle on rendait à toutes les parties de cette demeure les formes et l'apparence qu'elles avaient de 1815 à 1821.

Il y avait bien cependant à cette époque quelques constructions qui ne se retrouvent plus aujourd'hui : c'était un groupe de deux maisons n'ayant qu'un rez-de-chaussée et faisant suite au bâtiment de la Cuisine. On sait déjà par qui il avait été occupé autrefois. En arrière, et contre le mur reliant l'Argenterie à la Cuisine, il existait en outre une pauvre masure battue par le vent et la pluie, et où trouvèrent place les Las Cases ; le général Gourgaud y occupait une chambre communiquant avec celle qu'il avait dans la maison voisine. Cette maisonnette avait disparu avant 1859 ; on pouvait cependant retrouver les traces de sa fondation et la marque de son extrémité sur ces maisons maintenant supprimées. Celles-ci étaient elles-mêmes dans un état déplorable ; elles n'avaient plus ni portes ni fenêtres ; la toiture avait été grossièrement et incomplétement réparée avec du chaume, les murs étaient lézardés et commençaient à s'affaisser. Le gouvernement français, éclairé sur ce que devait coûter la reconstruction de cette dernière partie des édifices, sur l'entretien qu'ils pourraient nécessiter par la suite, et sur la difficulté plus grande encore de faire venir des ouvriers de James-Town pour les réparations in-

Plan du domaine impérial de Longwood Old-House dans son état actuel.

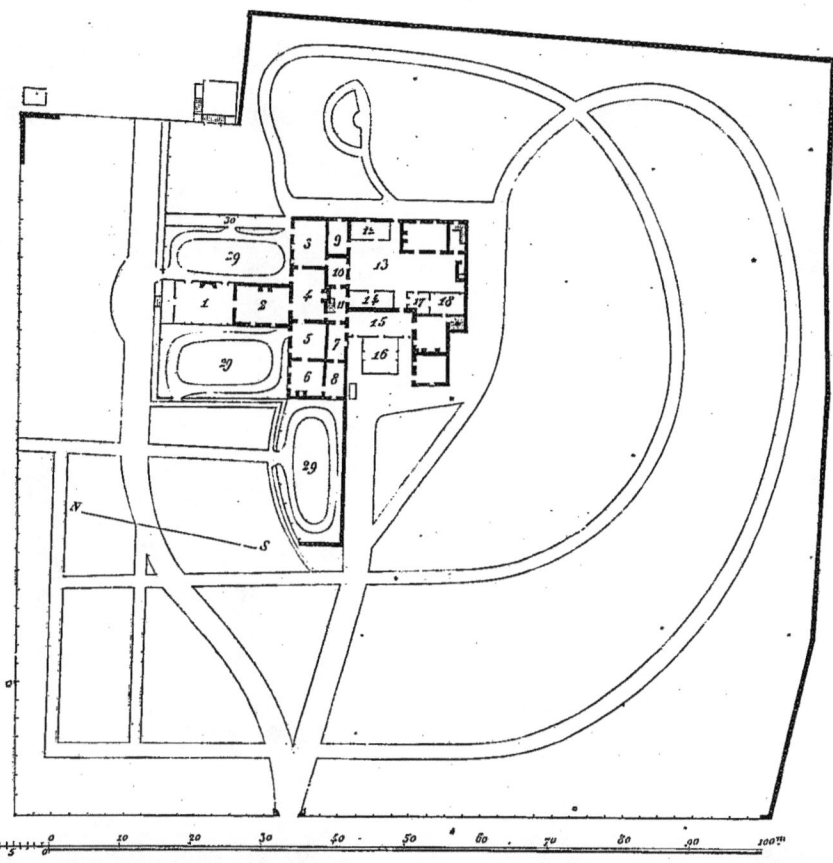

1 Salon d'attente.
2 Salon où est mort l'Empereur.
3 Bibliothèque.
4 Salle à manger.
5 Cabinet de travail.
6 Chambre à coucher.
7 Antichambre.
8 Cabinet de bains.
9 Office.
10 Office.
11 Vestibule.
12 Office.
13 Cour intérieure.
14 Cellier.
15 Passage.
16 Salle de billard.
17 Garde-manger.
18 Lavoir.
29 Jardins particuliers de l'Empereur.
30 Tonnelle.

(Page 100.)

dispensables, prescrivit la démolition de ces bâtiments. On ne trouve plus à la place qu'ils occupaient autrefois que de l'herbe et quelques bordures.

CHAPITRE DOUZIÈME.

SOMMAIRE.

Jardins particuliers. — Bassin de l'Empereur. — Télégraphe. — Nouveaux effets du vent. — Jardins en avant de la maison et terrains en arrière. — Coup d'œil à l'extérieur du domaine. — Alarm-House, High-Knoll, la mer et Deadwood. — Flagstaff et Barn-Hill. — Dangers de la promenade. — Nègres morts dans les ravins. — Bouquet de pins. — La mer reparaît du côté du vent. — Paysage dénudé et sauvage. — Hauteurs centrales de l'île. — Échappée sur le domaine du val Napoléon. — Chemin de l'Empereur, oublié aujourd'hui.

Si l'on considère maintenant les jardins qui entourent la demeure de Napoléon, on en remarque d'abord trois principaux, entourés de palissades à claire-voie, l'un d'un côté du salon de l'Empereur et du salon d'attente, et le second de l'autre côté du même bâtiment. Le troisième se trouve le long du mur qui part de l'angle du cabinet de bain; la palissade qui entoure ce dernier jardin forme un arrondissement en saillie sur le terrain en avant. Ces trois jardins sont ceux où Napoléon se tenait de préférence, où l'on dit même qu'il s'occupait de jardinage. Le mur isolé qui borde le dernier d'entre eux remplace un mur en gazons qui fut élevé jadis par les serviteurs de l'Empereur pour le garantir des regards indiscrets des gens se rendant à la Cuisine.

Dans le jardin situé à l'est du salon, on a rétabli la tonnelle qui y existait autrefois. Plus loin et en dehors, on remarque un bassin en arc de cercle qui fut tracé par l'Empereur. Une conduite d'eau spéciale, alimentée par un réservoir de partage voisin du domaine impérial, amène l'eau à un réservoir plus petit placé entre la salle de billard et le cabinet de bain; un tuyau partant de là aboutit à un robinet versant ses eaux dans le bassin qui vient, pendant les travaux, de recevoir un bon enduit en ciment.

La limite du domaine est tout contre le bassin, et dans un angle rentrant formé par l'enceinte se trouve le pavillon carré en bois qui sert de poste télégraphique. Le vent de sud-est s'engouffre entre le télégraphe et la bibliothèque et y mugit avec furie ; quelques pins qui ont réussi à croître autour du bassin n'ont pas pu dépasser une certaine hauteur ; leurs cimes, rabattues par le vent, se sont infléchies sous son influence, et leur croissance a été arrêtée. Il en est de même de quelques petits chênes situés près du bâtiment de l'Argenterie. En avant de la verandah, l'enceinte du domaine, fermée par une palissade à claire-voie, longe un chemin d'exploitation conduisant au télégraphe et à une partie des cultures de la ferme. A une certaine distance, elle se retourne d'équerre et atteint la barrière d'entrée ; dans la partie de la propriété française qui se trouve de ce côté, il reste encore quelques anciens chênes garantis du vent par les bâtiments de Longwood, et qui ont un peu mieux réussi que ceux dont on parlait à l'instant, quoique ayant aussi subi dans une certaine mesure l'influence du vent régnant. Tout l'espace compris dans cette partie du domaine entre l'enceinte et les jardins particuliers de l'Empereur a été partagé en plates-bandes et en allées d'après un ancien dessin pris sur place en 1820. Les indications ne faisaient défaut que pour la seconde partie du domaine, située au sud de la ligne reliant le bassin à la porte d'entrée ; on n'a laissé que de l'herbe dans toute cette étendue, en disposant seulement quelques allées bordées de fuchsias ou de géraniums pour guider les promenades des visiteurs. Des graines de fleurs ou de plantes diverses ont été semées dans les jardins ; mais à cause de la sécheresse du sol à une faible profondeur et des insectes que rien ne détruit, les résultats obtenus ont été assez médiocres. Quelques essais de plantations de pins ont également été tentés, mais avec peu de succès ; l'herbe même qui recouvre les intervalles des allées est rare et maigre ; de petites tiges frêles, hâlées et noircies par le vent, balancent leurs têtes jaunâtres ; ce sont des immortelles sauvages, qui semblent se complaire dans ce vent opiniâtre ; elles se détachent à peu près seules sur le fond plus pâle de la verdure qui tapisse le sol.

CHAPITRE DOUZIÈME.

Tel est Longwood Old-House dans toutes ses parties ; on a retracé successivement les dispositions de chacune d'elles et les travaux que la restauration entreprise a occasionnés. On a cherché à faire passer sous les yeux du lecteur tout ce qui pouvait aider à se faire une idée précise de l'aspect de cette demeure célèbre ; il reste encore à dire quelques mots de ce que l'on voit de Longwood quand on porte ses regards au dehors de l'enceinte du domaine.

Si l'on se tourne d'abord vers la barrière d'entrée, dont les deux piliers sont surmontés, comme à l'entrée de la propriété du tombeau, de bombes prêtées par l'administration anglaise, on retrouve en face de soi le petit bois de pins que l'on a longé en arrivant. A droite et sur le premier plan est la pelouse ou petite esplanade, sur laquelle on remarque quelques gommiers et le gros pin renversé par le vent ; on voit entre les arbres la haie qui entoure la maison de l'observatoire et les toits de Longwood New-House. Par-dessus les premiers plans apparaît la crête du contre-fort qui conduit de la grille en fer à

Deadwood, et on distingue les tentes du régiment de Sainte-Hélène. Au delà de cette crête et près du bois de pins, une maison blanche entourée d'arbres se montre sur une hauteur éloignée, c'est Alarm-House ; à droite, une masse grise aux contours anguleux n'est autre chose que High-Knoll, et plus à droite encore, au-dessus de Deadwood, on voit la mer et quelques navires s'éloignant de Sainte-Hélène pour rentrer en Europe. Ils prennent tous la même route, que leur indique le vent, dans la direction du nord-ouest.

En regardant plus à droite encore, la mer disparaît derrière le piton de Flagstaff qui fait suite au plateau de Deadwood, et qui se montre à peu près au-dessus de la maison Bertrand. Quelques arbres voisins de Longwood masquent un peu la base de Flagstaff et de la haute montagne noire qui lui fait suite. Cependant on distingue fort bien les déchirements des flancs de ces deux montagnes, le profil de la crête aiguë et dentelée qui les réunit, et les escarpements anguleux de cette longue masse noire

PITON DE FLAGSTAFF, PRIS DE LA VERANDAH DE LONGWOOD OLD HOUSE

qui porte le nom de *Barn-Hill*. C'est un puissant contre-fort qui se relève fièrement pour former une des pointes de Sainte-Hélène. On ne peut gagner le sommet de cette montagne que par un seul sentier partant des dernières hauteurs de Flagstaff, et suivant le sommet de la crête inégale qui court de l'un à l'autre. L'ascension n'est pas précisément périlleuse ; on cite quelques dames qui s'en sont tirées avec honneur ; mais elle nécessite un guide qui soit en état de retrouver son chemin sur Barn-Hill au milieu des pierres roulantes et des blocs de rochers épars à la surface. On peut à tout instant être cerné par les brouillards et errer longtemps sur les parties supérieures de la montagne sans retrouver la fissure qui laisse une issue unique dans la partie la plus escarpée. Au pied même de Barn-Hill, du côté de Longwood, règne un ravin profond qui réunit les eaux de Deadwood et de Longwood New-House ; c'est dans les parties les plus basses de ces abîmes, où l'on ne parvient qu'avec les plus grandes précautions, que l'on a trouvé quelquefois des cadavres de nègres. Ces malheureux, enlevés violemment de chez eux par la traite, amenés à Sainte-Hélène à bord des navires capturés, et entreposés ensuite dans la vallée de Rupert, ne savaient quel sort leur était réservé. Effrayés par leurs premières aventures, et se voyant enfermés dans ces baraques, où des agents subalternes les menaient rudement, ces infortunés étaient persuadés qu'ils n'avaient fait que changer de bourreaux, et quelques-uns essayaient de se soustraire à leur sort par la fuite. Ceux qui réussissaient à s'évader étaient bientôt hors de vue au milieu des ombres des rochers, et prenant leur course vers l'est, en fuyant tout ce qui offrait des traces de la main de l'homme, ils arrivaient bientôt sur les pentes de Flagstaff et de Barn-Hill, où la terre ne leur offrait pour toute nourriture que de l'herbe. Les forces ne tardaient pas à leur manquer, et ils expiraient en proie aux cruelles souffrances de la faim. Peut-être quelques-uns ont-ils cherché à poursuivre les chèvres sauvages qui se sont réfugiées dans ces solitudes, mais affaiblis par leurs misères passées, et n'ayant d'autres armes que des pierres, leurs efforts étaient impuissants. Quelquefois même un élan mal calculé a pu en lancer quelques-uns dans le vide ou sur des pentes contre lesquelles ils ont rebondi jusqu'au fond.

A droite de Barn-Hill, la mer apparaît de nouveau entre les arbres, mais pour un instant seulement, à cause du bouquet de pins qui avoisine le télégraphe. A la suite de ce bois de pins, en tournant toujours vers la droite, l'air plus vif annonce que l'on fait face au sud-est; le vent pénètre dans les yeux et dans les narines, et oblige chacun à consolider sa coiffure sur sa tête. Si on n'est pas perdu dans une bouffée de nuages ou aveuglé par la pluie, on peut voir à ses pieds de longues pentes roides et dénudées, et dans le fond du ravin une cabane habitée par quelques nègres affranchis. En face et jusqu'à la mer une série de hauteurs vont en s'abaissant progressivement, elles sont déchirées en tous sens par les pluies. Deux masses rocheuses se soulèvent au loin et se détachent sur l'Océan, ce sont les *Sommets de pierre;* le fond du tableau est rempli par la mer, qui montre çà et là quelques taches blanches d'écume. Un espace immense se présente ainsi au spectateur; les limites restent vagues dans la brume de l'horizon, et à part cette chétive cabane et une ou deux ruines que l'œil ne remarque qu'après une observation prolongée, rien ne décèle la main de l'homme dans tout ce panorama.

Entre ce dernier point de vue et la plantation de pins qui a servi de point de départ à cette description de ce que l'on peut voir de Longwood, la mer disparaît derrière les contours plus élevés de la partie centrale de l'île. L'œil plonge d'abord dans les profondeurs de ce même ravin qui passe au pied de Longwood, puis, en se laissant aller à remonter le long de ses pentes, jusqu'aux points qui avoisinent Hutt's-Gate, il voit les commencements de cette vallée qui se montrent plus verts et un peu plus boisés que ce que l'on a rencontré jusqu'ici. Les derniers plans sont occupés par les sommets les plus élevés du *pic de Diane* et de *Cuckold's-Point,* couverts d'herbes, de ronces et d'arbustes sauvages. On remarque dans un angle une petite partie de la route par laquelle on est arrivé de la ville; c'est une portion de la section comprise entre Alarm-House et Hutt's-Gate, à l'endroit même où elle longe le domaine impérial du val Napoléon, dont on aperçoit par conséquent les parties les plus hautes par-dessus la crête suivie par la route de Hutt's-Gate à Longwood.

Le tableau qu'on a devant soi quand on considère ce dernier point de vue, est moins triste que les précédents, quoique tous les premiers plans soient encore couverts de ronces et d'ajoncs; c'est l'origine de la vallée seule qui fait contraste avec le reste. On montre encore au voyageur sur les coteaux opposés quelques traces d'un chemin qu'on nomme Chemin de l'Empereur, qui aurait été sinon ouvert, au moins mis en état pour lui, et qu'il aurait suivi plus d'une fois en voiture. Cette route partait de Hutt's-Gate et cheminait sur les hauteurs de la rive droite du ravin jusqu'en face de Longwood; elle s'abattait ensuite vers le fond du vallon, qu'elle traversait plus loin vers l'est afin de remonter vers la demeure de l'Empereur. Mais personne n'a continué à se servir de ce chemin, et son tracé est devenu incertain sur une très-grande partie de son étendue.

CHAPITRE TREIZIÈME.

SOMMAIRE.

L'observatoire. — Longwood New-House; son exposition et son histoire. — Maison Bertrand. — Trace du passage de l'Empereur. — Grille d'enceinte. — Terrains cultivés par les fermiers de Longwood. — Espaces abandonnés.

On connaît maintenant Longwood tel qu'il a été jadis et tel qu'il est aujourd'hui; on a pu se faire une idée de l'aspect de cette demeure et des terrains qui l'entourent; on sait quel climat on y trouve; on a étudié enfin chacun des points de vue que l'on peut observer de cette position. On est par conséquent à même de se représenter, aussi bien que possible, dans quelles conditions se trouvait l'Empereur pendant les cinq ans et demi qu'il a passés dans cette habitation. Et si l'on vient à relire les mémoires écrits par ses compagnons de captivité, après s'être ainsi familiarisé avec le théâtre des événements qu'ils rapportent, on en saisira mieux tous les détails.

On se souvient qu'au bas de l'esplanade située devant Longwood Old-House, on a vu au milieu des haies le toit d'une maisonnette qui s'appelle l'Observatoire; à droite, on a reconnu les toits de Longwood New-House, et de suite après les murs blancs et la toiture noire de la maison Bertrand. Quand le maréchal habitait dans cette dernière maison, cent mètres à peine le séparaient de celle occupée par son souverain.

L'Observatoire est une construction récente, postérieure du moins à la mort de l'Empereur, et qui a été élevée dans le but de servir à des observations sur l'aiguille aimantée. C'est un rez-de-chaussée de quatre ou cinq pièces tout au plus recouvert en papier goudronné, et dans la construction duquel le fer a été rigoureusement exclu. Les observations faites en cet endroit pendant plusieurs années avec une assiduité constante ne semblent avoir servi qu'à

VUE DE LONGWOOD NEW-HOUSE ET DE LA MAISON BERTRAND.
(Page 117.)

grossir les recueils de statistiques, sans qu'on en ait déduit aucune loi nouvelle relative au magnétisme. C'est là que l'on a fait en même temps les observations météorologiques dont il est question dans le second et le troisième chapitre de cet ouvrage. Depuis la suspension des observations, ce local resta vacant d'abord, et affecté au logement d'un pasteur anglican dont on attendait la nomination. C'est à cause de cette affectation qu'il ne fut pas compris dans les domaines affermés en 1851; il est occupé maintenant par les garçons de ferme de l'exploitation voisine; mais personne ne se charge de son entretien.

Longwood New-House se compose d'un vaste corps de bâtiment entourant une cour allongée et de quelques hangars de peu d'importance rangés autour des petites cours de derrière. Tout cet ensemble de constructions fut élevé pendant le séjour de l'Empereur dans le voisinage, avec la destination spéciale de servir à son logement et à celui de sa suite. Les inconvénients de la position de Longwood Old-House déterminèrent les constructeurs à entailler le sol à une certaine profondeur en reportant les terres un peu en avant sur la pente. De cette manière le vent qui balaye l'esplanade en arrière passe par-dessus les maisons établies dans cet approfondissement, et l'on peut jouir dans cette demeure d'une atmosphère un peu plus calme.

Quand on arrive à Longwood New-House, on se trouve d'abord à la hauteur des toits des bâtiments, et les hangars sont placés en appentis contre les parois mêmes de l'entaille faite dans le sol. Une balustrade empêche le promeneur de s'égarer la nuit sur leur toiture. La façade principale de Longwood New-House a été tournée vers le nord; elle se compose de deux avant-corps aux extrémités, formant chacun une grande chambre, et reliés par une longue galerie couverte, ou verandah, sur laquelle viennent s'ouvrir les portes-fenêtres des chambres en arrière. Les autres parties des logements prennent jour sur les façades est et ouest ou sur la cour intérieure. Le quatrième côté du pâté situé entre cette cour et la façade sud, et communiquant avec les cours de service et les hangars, était destiné aux cuisines, écuries, etc., etc., et au logement d'une partie des domestiques, tandis que les trois premiers côtés devaient servir à l'Empereur seulement et à ceux qui le touchaient de plus près.

Quelques arbres et quelques touffes d'arbustes croissent devant les façades ouest et nord de Longwood, profitant du calme que leur procure leur position au-dessous du vent pour se développer à loisir; le surplus est occupé par quelques fleurs et du gazon. On sait que l'Empereur ne voulut pas, dans les derniers jours de sa vie, venir s'établir dans cette demeure dont les peintures étaient à peine sèches, et qui ne pouvait même pas encore recevoir tout son personnel.

La Compagnie des Indes devint ainsi propriétaire, en 1821, d'une maison neuve qui resta quelque temps sans emploi, et où le brigadier général Dallas, dernier gouverneur au titre de la Compagnie, vint séjourner quelque temps. Mais son exemple ne fut pas suivi, et depuis ce moment Longwood New-House devint la demeure du fermier ayant pris à bail les terrains environnants. Le fermier actuel occupe encore pour son exploitation la plus grande partie du quatrième côté. Le surplus de cette face, et toute la partie principale en avant, a été loué à l'officier français chargé de veiller sur les domaines de Longwood Old-House et du tombeau.

Quant à la maison Bertrand qui est tout près de la façade est de Longwood New-House, c'est une vieille maison mal bâtie, couverte en bardeaux de chêne goudronnés; elle est construite aussi dans un enfoncement du terrain, et augmentée de quelques hangars sans importance formant une petite cour qu'un mur achève de fermer. Du côté nord, on a ajouté un pavillon carré en planches, éclairé par trois fenêtres sur chaque face, et qu'un perron élevé relie à la pelouse en avant. Il n'y a eu dans cette maison depuis le maréchal Bertrand que des régisseurs de ferme, et elle est assez mal entretenue.

Il reste encore une trace du passage de l'Em-

LONGWOOD NEW-HOUSE, FAÇADE ORIENTALE.

(Page 120.)

pereur dans cette maison; les fenêtres du pavillon carré sont dirigées vers le plateau de Deadwood, qui n'est séparé de la maison Bertrand que par un ravin à pentes douces et peu profond, au plus creux duquel se trouvent deux jardins. L'Empereur venait dans ce pavillon pour assister aux exercices et manœuvres militaires de la garnison de Deadwood; mais il tenait les persiennes fermées pour se soustraire aux regards, et il faisait passer sa longue-vue par une échancrure qu'il avait faite lui-même dans les lames d'une des persiennes. C'est cette échancrure ronde que l'on montre encore aujourd'hui.

Une grille en fonte fut établie de manière à enfermer à la fois dans une seule enceinte Longwood New-House et la maison Bertrand. On la plaça au pied des remblais formés en avant des bâtiments au moyen des fouilles pratiquées en arrière. Cette grille subsiste encore sur la plus grande partie de son développement, quoique la rouille en ait déjà rongé profondément tous les barreaux.

Au dehors de cette grille, sur les pentes de ce petit ravin qui sépare Deadwood des lieux que nous venons de décrire, et plus à droite sur la hauteur à l'est de Longwood, on rencontre une cinquantaine d'hectares cultivés régulièrement chaque année. Ce sont là les dépendances de la ferme de Longwood; elles s'étendent sur un sol assez pauvre, dont le rendement est peu considérable. C'est cependant la plus grande exploitation agricole de Sainte-Hélène; mais les conditions de température et d'humidité dans lesquelles l'île se trouve placée, comme on l'a vu au second et au troisième chapitre, ne permettent d'obtenir que des récoltes peu abondantes.

Tout cet espace cultivé est complétement découvert, à l'exception d'un petit bouquet de sapins qui touche le télégraphe à côté de Longwood Old-House, et d'un autre moins considérable situé à quelque distance au fond d'un pli de terrain; il y a encore un certain nombre de gommiers rangés le long des séparations des différentes pièces de terre.

Toute la surface ordinairement exploitée est

entourée d'un bourrelet de terre surmonté de cactus et d'aloès; au delà de cette clôture il n'y a plus que des terrains vagues sur lesquels le bétail est autorisé à errer à sa guise à la recherche d'une maigre pâture. Bientôt les pentes se roidissent, on aperçoit la mer au fond d'échancrures profondes dont on a peine à suivre de l'œil les contours, et il en est fort peu dans lesquelles on réussisse, même avec bien des efforts, à descendre jusqu'au bord de l'eau. Ce sont là les ravins situés au pied de Barn-Hill, et où les nègres fugitifs se sont égarés quelquefois. Si cependant on parvient, après quelques tentatives infructueuses, à atteindre les dernières roches sur lesquelles la mer vient se briser, on se trouve tout proche de la route que suivent les navires arrivant à Sainte-Hélène, et que l'on a suivie soi-même. On voit au-dessus de sa tête les rochers que l'on a contournés en effectuant cette descente périlleuse, et du nouveau point de vue où l'on se trouve placé on se sent une fois de plus frappé de l'aspect sauvage et triste des côtes.

CHAPITRE QUATORZIÈME.

SOMMAIRE.

Route autour du pic de Diane. — Végétation plus riante; vallon abrité du vent. — Ruisseaux; nouvelles vallées plus dépouillées. — Pays accidenté et pittoresque. — Amphithéâtre de Sandy-Bay. — Chemin descendant à la mer et à des carrières. — Les voitures ne vont pas partout. — Crête centrale de l'île. — Deux points de vue opposés. — On descend sur l'autre versant. — Route de Hutt's-Gate à Plantation-House; Oak-Bank.

Bien que l'attention du voyageur débarquant à Sainte-Hélène soit attirée principalement par la résidence et par le tombeau de Napoléon, il arrive fréquemment qu'au lieu de retourner à la ville par la route directe les visiteurs font un détour pour visiter quelques autres quartiers de l'île. Le travail que nous avons entrepris serait donc incomplet s'il ne contenait également quelques détails sur les points les plus remarquables de Sainte-Hélène, ou sur les promenades qui peuvent aider à la faire connaître dans toutes ses parties. Il faut pour cela prendre Hutt's-Gate pour point de départ, le district oriental de l'île étant désormais suffisamment exploré.

Entre la maison d'école et la boutique qui existent à Hutt's-Gate, et qui sont à gauche de la route principale quand on retourne vers la ville, se trouve placée l'origine d'une route qui permet de faire le tour du pic de Diane. Cette route se développe d'abord sur l'amphithéâtre formé par les commencements de la vallée qui vient passer au pied de Longwood; on a donc à sa droite les pentes descendant de Halley's-Mount et du pic de Diane, et à sa gauche les premiers approfondissements des ravins. Dès qu'on est engagé sur ce chemin, on sent l'influence des vapeurs que les sommets de l'île attirent sans cesse autour d'eux; on voit tout autour de soi la verdure plus fraîche, l'herbe un peu plus fine et serrée, et la terre plus rarement nue et dépouillée. On rencontre plusieurs bouquets de chênes ou de pins qui s'étagent les uns au-dessus des autres sur les flancs escarpés de la montagne, et l'on aperçoit quelques maisons perdues au milieu des haies. Indépendamment de l'avantage offert par une végétation plus riante, ce petit vallon possède un autre mérite, celui d'être abrité du vent par sa configuration même. Les habitations qui s'y trouvent n'ont pas une vue bien étendue; quelques-unes peuvent tout juste voir les maisons de Hutt's-Gate, quelques autres peuvent découvrir jusqu'à Longwood, car elles se trouvent dans cette partie plus verte et plus boisée qu'on observait en dernier lieu de la résidence impériale, en dessous du pic de Diane; quelques maisons enfin, plus enfoncées dans les recoins du vallon, ne voient qu'à une petite distance devant elles; mais le calme de l'air tout à l'entour et l'aspect plus naturel des arbres et des buissons forment un contraste frappant avec le quartier que l'on vient de quitter. On rencontre un ou deux ruisseaux qui traversent la route et qui s'enfoncent dans la vallée au milieu des herbes et des buissons; c'est le premier d'entre eux qui alimente la conduite d'eau dirigée sur Longwood. Cette dérivation, établie à ciel ouvert en 1796, fut remplacée par des tuyaux en plomb en 1816, avec un embranchement dirigé sur le camp de Deadwood.

Cependant la route a gagné les hauteurs situées entre la première vallée et la suivante, qui reçoit également les eaux du pic de Diane. On ne tarde pas à se voir engagé sur une longue pente qui descend jusqu'aux points les plus creux de ce nouveau vallon ; on remonte péniblement sur le versant opposé, et, à partir de cet endroit, la largeur et l'inclinaison de la route ne se prêtent plus à la circulation des voitures. Le pays se trouve plus exposé au vent de sud-est, la végétation est de nouveau paresseuse et chétive, et les habitations particulières ont disparu ; on ne voit plus çà et là que quelques cabanes de gardiens de bestiaux. Toutefois, dans cette excursion, l'esprit est distrait par l'aspect pittoresque des vallons successifs que l'on traverse. A droite, on contourne toujours d'aussi près que possible les contre-forts de Cuckold's-

Point et du pic de Diane; mais les masses de ces deux montagnes se soutiennent à de grandes hauteurs au-dessus de tous les points de la route, et les escarpements qui en descendent, couverts de ronces et d'herbes glissantes, défient toute tentative d'escalade. Si l'on regarde vers sa gauche, on peut voir de temps à autre de profondes déchirures qu'il est impossible de suivre de l'œil jusqu'au bout, moins à cause de leurs directions sinueuses que des ressauts soudains que présente le fond de ces ravins. Tout à coup on arrive sur la crête de la vallée de Sandy-Bay, c'est-à-dire sur les sommets des premières pentes qui envoient leurs eaux dans la baie de ce nom. L'œil embrasse alors un immense amphithéâtre qui produit encore une vive impression, bien qu'on ait pu y être préparé par les quatre ou cinq derniers kilomètres parcourus. Les crêtes de la montagne qui partent du pic de Diane forment un vaste arc de cercle jusqu'au sommet de *High-Peak,* et des crevasses sans nombre descendent de ces hauteurs vers le fond de la vallée. La disposition générale de ce panorama rappelle le large cratère d'un volcan éteint depuis longtemps, dont un des côtés a été rongé et détruit par la mer, et dont les pluies ont depuis des siècles usé et raviné les parois. Les parties les plus hautes des flancs de ces montagnes sont seules couvertes d'un peu de verdure, mais tout le reste est nu et pierreux, et sur ces pentes dépouillées on signale çà et là des blocs de roches isolées auxquels on a donné des noms de fantaisie tels que *Loth, la femme de Loth, les Deux oreilles d'âne*, etc. La route traverse pendant quelque temps les parties hautes de la vallée et finit par rencontrer un chemin qui se dirige vers Sandy-Bay. Cette nouvelle voie, carrossable d'abord, n'est bientôt plus accessible qu'aux bêtes de somme, à mesure qu'elle descend. Elle passe à côté d'une petite maison isolée qui sert de dépôt pour des aliénés, et pour le surplus elle ne dessert que des carrières de pierre à chaux et un four à chaux, ainsi qu'un poste militaire et un télégraphe établis tout au bout du vallon.

L'embranchement des deux routes est situé

au milieu de quelques habitations éparses dans la verdure du sommet de la vallée, et si au lieu de descendre vers la mer on remonte les sinuosités de la nouvelle voie, on arrive après quelques lacets à la crête centrale de l'île, entre les vallées de James-Town et de Sandy-Bay, et presque à égale distance de High-Peak et du pic de Diane.

En ce point de son exploration, le voyageur hésite entre les deux points de vue qui s'offrent à lui. D'un côté il y a les contours âpres et dentelés des contre-forts qui descendent du centre de l'île vers la mer, quelques bouquets de pins sur les crêtes les plus voisines, et au fond la mer à perte de vue. De l'autre côté la route s'engage d'abord dans un passage un peu resserré qui ne laisse pas à la vue un champ très-étendu, mais qui permet cependant de reconnaître High-Knoll et les sommets des escarpements qui dominent la ville sur la rive droite.

A partir de ce point culminant la route fait quelques lacets au milieu d'herbages entremêlés d'arbustes sauvages, et on ne tarde pas à rencontrer un chemin qui part de Hutt's-Gate pour se diriger vers la résidence du gouverneur à *Plantation-House*. C'est la route la plus habituellement suivie par les touristes, parce qu'elle est carrossable sur tout son développement, tandis que la promenade autour du pic de Diane ne peut être faite qu'à cheval, et demande plus de temps. Mais la facilité du parcours tient avant tout à ce que l'on traverse une région moins bouleversée que le district sud de l'île, et par conséquent aussi moins pittoresque et moins sauvage. La route se sépare de la route de Longwood tout à côté de la maison d'école de Hutt's-Gate, et après avoir gravi rapidement un lacet d'une centaine de mètres de longueur, elle redescend au fond d'un ravin, en ressort, redescend dans un autre, puis dans un troisième, et ce n'est qu'après une dernière montée qu'elle atteint la grille de Plantation-House. Quoique dans tout ce trajet on ait sous les yeux un pays plus vert et plus boisé que ce qui entoure la route de James-Town à Longwood, on n'y trouve pas de point de vue qui attire

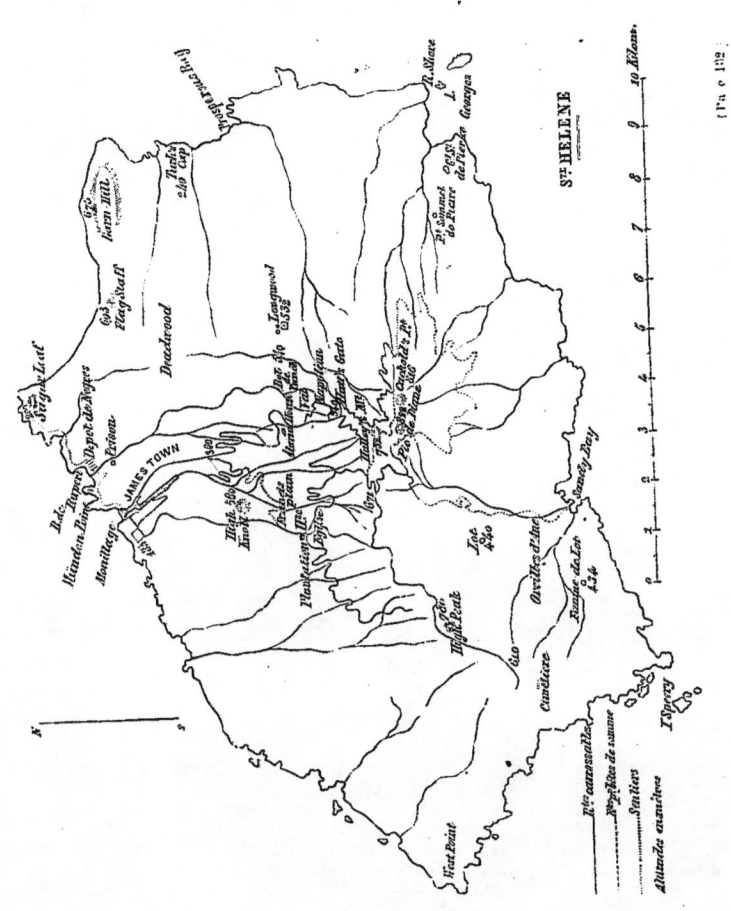

réellement l'attention. On pourrait faire exception cependant en faveur du dernier ravin, que l'on traverse avant d'atteindre Plantation, et au fond duquel on trouve la propriété d'*Oak-Bank*, agréablement située au centre d'un petit bois de chênes et de pins : c'est la résidence de l'évêque de Sainte-Hélène.

CHAPITRE QUINZIÈME.

SOMMAIRE.

Télégraphe de Cason's-Gate. — Route des arbres à chou et station sur le pic de Diane. — Panorama général de toute l'île. — Cuckold's-Point. — Effet de la hauteur au-dessus de la mer. — Rencontre de la route de Sandy-Bay. — Retour au télégraphe de Cason's-Gate. — Excursion vers l'ouest. — Pays dépouillé. — Le cimetière. — Église de Plantation-House. — District boisé. — Le Frère. — Résidence du gouverneur. — Terrain de manœuvres. — High-Knoll. — Aspect du pays.

En arrivant à Plantation on peut tourner à gauche et laisser à sa droite l'église construite tout près de là; on arrive alors, après un court trajet, au poste télégraphique de *Cason's-Gate*, que l'on peut atteindre par une voie tout à fait différente.

Il faut pour cela partir de Hutt's-Gate en suivant la première direction qui contourne les origines du vallon de Prosperous-Bay, mais un peu avant de s'engager sur les pentes qui descendent dans la vallée suivante, on prend à droite et on s'élève rapidement le long d'un sentier assez étroit, tapissé de verdure. On arrive ainsi à une petite plate-forme qui sert de lieu de repos entre le pic de Diane et Halley's-Mount. Il faut là mettre pied à terre, s'avancer sur une piste à peine frayée, en écartant devant soi des fuchsias sauvages et des ronces, et gravissant de temps à autre quelques marches grossièrement refouillées dans le rocher. Une petite ascension qui n'est ni longue ni difficile, amène ainsi le visiteur sur le sommet du pic de Diane, sur le point culminant de toute l'île, à 822 mètres au-dessus de la mer. Le sentier que l'on a suivi porte le nom de route des arbres à chou, à cause d'un arbuste de ce nom qui est très-abondant dans ces parages, et qui offre une certaine analogie avec un chou monté.

De cette position élevée, le touriste placé sur une plate-forme qui offre à peine quelques mètres d'étendue, embrasse d'un coup d'œil tous les endroits qu'il connaît déjà, autant du moins que le permettent les vapeurs qui viennent planer autour de lui. Dans les éclaircies on reconnaît successivement Flagstaff, Barnhill, Deadwood, Longwood, Prosperous-Bay, Hutt's-Gate, etc., et de l'autre côté les escarpements arides de Sandy-Bay, Loth et sa femme, et le piton de High-Peak. L'éloignement confond un peu les tons de ces divers points de l'île dans une teinte d'un gris sombre, qui enveloppe bientôt le pied des escarpements sur le sommet desquels on est placé. On peut gagner avec quelques précautions le sommet voisin de Cuckold's-Point, en descendant d'abord et remontant ensuite le long d'une sorte de mur formé par un banc de roche vertical, dirigé suivant la crête qui relie ces deux pitons. Le sommet auquel on arrive, quoique plus bas de quelques mètres que le pic de Diane, est tout aussi nettement détaché au-dessus des pentes qui le supportent. Comme celles-ci sont elles-mêmes fort inclinées, et que dans une certaine direction la mer n'est pas fort éloignée, on se sent porté à la croire beaucoup plus près encore; on se figure être immédiatement au-dessus de ses rives, et cette illusion contribue grandement à l'impression que l'on éprouve. Après avoir laissé errer ses regards une dernière fois sur les abîmes dont on est entouré, on retourne au pic de Diane, puis à la plateforme où l'on a laissé ses montures.

Il faut alors prendre la continuation du chemin par lequel on est arrivé, en suivant toujours ce banc vertical qui marque la crête longitudinale de l'île; on descend sans interruption jusqu'à ce que l'on rencontre la route de Sandy-Bay, tout près de son point le plus élevé au passage du versant sud au versant nord. On suit pendant un instant cette route dans la direction de Sandy-Bay, et on ne tarde pas à trouver sur sa droite une nouvelle voie de communication qui conduit à celle qui arrive de Plantation-House, à une petite distance avant la station télégraphique de Cason's-Gate.

La promenade qu'on a entreprise n'est pas limitée en cet endroit, et on peut la prolonger assez loin en continuant la route qui part de là vers le sud-ouest. On reste toujours ou tout près de la crête centrale de l'île ou sur cette crête elle-même, le long du mur naturel formé par ce rocher saillant qui a déjà été signalé. On peut voir alternativement les deux versants de la montagne, mais la verdure plus fraîche que l'on avait autour de soi depuis Hutt's-Gate ne se continue plus au delà du télégraphe, et on retrouve à l'ouest de l'île les aspects arides et désolés avec lesquels on s'était familiarisé dans le district oriental. On ne voit que quelques bouquets de pins et une ou deux maisons d'habitation à peu près abandonnées. La route s'efface enfin, près d'un petit bois, au pied d'un coteau, sur un plateau d'un peu plus d'un hectare de superficie et d'une nature argileuse, qui est couvert de blocs de basalte. Ces blocs affectent les formes les plus diverses, et semblent avoir été ébauchés par des ouvriers malhabiles; à une certaine distance on pourrait les prendre pour des monuments funéraires, et c'est ce qui a fait surnommer ce lieu *le Cimetière*. C'est le seul endroit de l'île où ce phénomène se présente, et ce qui le rend plus remarquable c'est que les blocs ne sont que posés sur le sol, et que les terrains environnants ne renferment aucune pierre.

On peut arriver jusqu'ici en voiture, soit par Plantation, soit par la route que nous avons décrite en dernier lieu, mais seulement depuis la route de Sandy-Bay; car on a vu que la route venant de Hutt's-Gate par le pic de Diane n'était pas carrossable.

Quand on a suffisamment examiné ce cimetière et jeté un regard sur la mer, dont on se trouve assez près dans cet endroit, quoique à un niveau assez élevé, on revient sur ses pas jusqu'à Plantation-House. Il y a là derrière la résidence du gouverneur un cimetière au milieu duquel est élevée une petite église qui n'offre rien de bien remarquable, et qui n'est ouverte au culte que depuis 1851. Le cimetière est séparé du parc du gouverneur par une route qui s'engage dans la partie la plus boisée de l'île, sans monter ni descendre beaucoup. Son tracé est assez sinueux, et passe au milieu de plusieurs propriétés particulières cachées au milieu des arbres. Les ravins que l'on traverse sont roides et escarpés comme tous ceux de Sainte-Hélène; on voit à distance leurs parties inférieures arides et dépouillées, mais on n'en attache que plus de prix à la végétation qui garnit le quartier privilégié au milieu duquel passe la route. Sur une arête, entre deux ravins, à une petite distance de la mer, on montre au voyageur des roches dentelées, dont l'une est appelée *le Frère,* à cause de l'analogie qu'elle présente avec un moine revêtu de son capuchon et priant à genoux.

Mais dans cette partie de l'île comme dans les autres, la terre se lasse bientôt de se montrer généreuse, et on tombe tout à coup au milieu de vastes espaces couverts d'ajoncs et de ronces; la route s'efface, et l'on n'a d'autre parti à prendre que de revenir encore une fois sur ses pas, et de se préparer à retourner à James-Town.

La résidence du gouverneur se compose d'une grande maison construite en 1791, entourée d'un parc boisé assez étendu, et abrité du vent par son exposition au nord. La grille d'entrée est dans un renfoncement demi-circulaire, et la maison du concierge sert en même temps de poste télégraphique.

La route qui conduit de Plantation-House à James-Town se dirige vers le nord; on a d'abord à sa gauche des pins qui font partie du parc du gouverneur, et à sa droite un petit plateau appelé Francis-Plain, et qui sert de terrain de manœuvres tant à la garnison qu'à la milice. On en est séparé par un ravin peu profond et sans végétation, dont les eaux alimentent tout près de là la cascade de Briars. Un sentier assez roide descend dans ce vallon et remonte à Francis-Plain; au moment où ce sentier quitte la route principale on a devant soi le soulèvement qui forme le piton de High-Knoll. On voit à droite les escarpements qui descendent d'aplomb jusqu'au plus creux de la vallée, au pied de la cascade, et sur les premiers plans plusieurs grandes entailles rouges ou grises faites dans la montagne pour en extraire de la pierre.

La hauteur est couronnée par le petit établissement militaire où se trouve établi le télégraphe qui communique à la fois avec Plantation-House et Cason's-Gate d'un côté, avec Ladder-Hill d'un autre, et aussi avec Longwood. En effet, la crête qui descend presque en droite ligne de Halley's-Mount à Alarm-House s'abaisse suffisamment ensuite pour laisser voir le plateau de Longwood et celui de Deadwood, et plus loin encore Flagstaff et Barn-Hill ainsi que le petit piton de Sugar-Loaf. Toute cette région paraît aussi nue et aride quand elle est vue du poste de High-Knoll que quand on la voit des autres points où nous avons conduit le lecteur. Le paysage à l'ouest de High-Knoll est tout aussi tourmenté et pierreux. Toute la verdure que l'on peut voir de cet observatoire est circonscrite sur les hauteurs, entre la direction d'Alarm-House et celle de High-Peak, ce qui n'empêche pas que même dans l'espace compris entre ces directions extrêmes il n'y ait encore place pour bien des parties dépouillées et stériles.

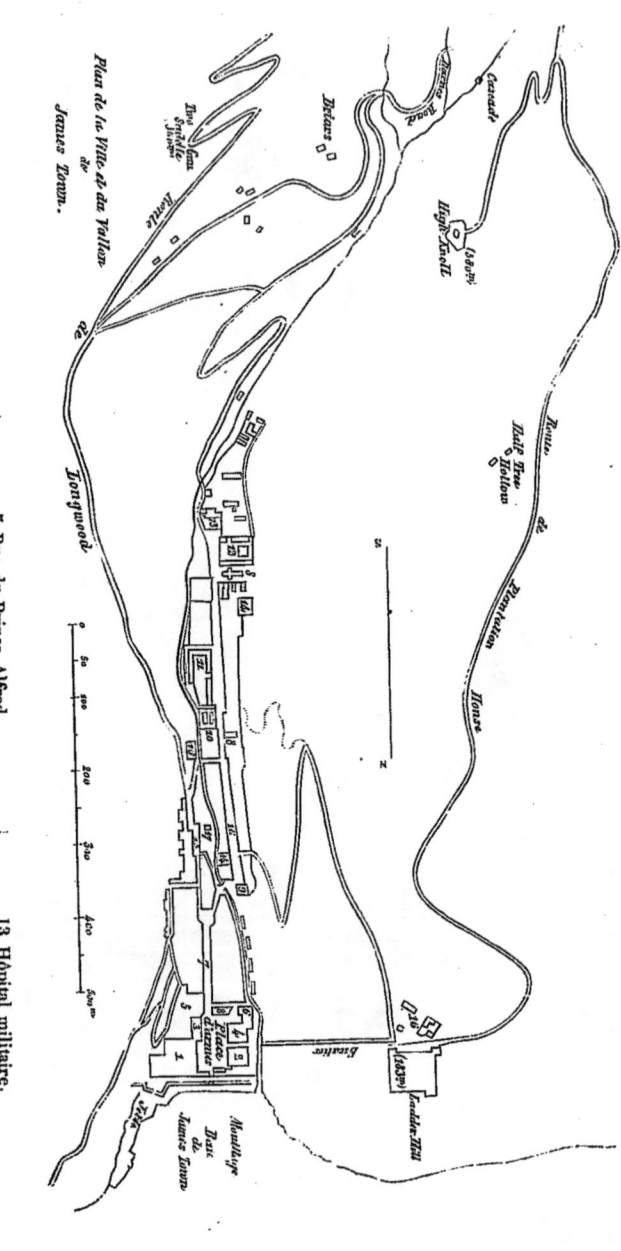

CHAPITRE SEIZIÈME.

SOMMAIRE.

Hameau de blanchisseuses. — Ladder-Hill. — L'escalier. — Route pour descendre en ville. — Rue Haute. — Sortie de James-Town. — Barnes'-Road. — Route de Briars. — Rentrée en ville. — Le marché. — Débouché sur la rue du Prince Alfred. — Ventes sous les arbres. — Vue de la mer. — Spéculation sur les navires. — Pavillons des consulats. — Mess des officiers. — Maison des hôtes. — Partie inférieure de la ville. — Le château. — L'hôtel. — Les fourmis blanches. — Ruisseau et prises d'eau.

On redescend de High-Knoll par le seul sentier qui y mène, roide et rocailleux, et l'on reprend la route principale, qui se dirige vers Ladder-Hill, en traversant des pentes nues où des cactus ont bien de la peine à végéter au milieu des pierres éparses à la surface du sol; on croirait parcourir un immense chantier de tailleurs de pierre. Un peu avant Ladder-Hill, on voit à sa droite le hameau de Half-Tree-Hollow. C'est un petit groupe de cabanes de peu d'apparence, occupées par des blanchisseuses; on ne sait trop ce qui a pu les attirer dans cet endroit écarté où l'œil ne découvre aucune source. La seule explication plausible est le voisinage de la garnison de Ladder-Hill, installée dans l'enceinte du fort, que la route ne tarde pas à longer. On a alors à sa droite deux ou trois maisons destinées à loger des officiers et placées au hasard sur quelques plates-formes de rochers. Au bout du mur du fort on se trouve au sommet de l'escalier qu'on a remarqué avant de descendre à terre; et en effet on revoit de là tous les navires au mouillage et la petite jetée de débarquement. Bien des personnes hésitent à s'aventurer sur cet escalier, qui est destiné à faire franchir d'une seule haleine à ceux qui s'y aventurent une différence de niveau de cent quatre-vingts mètres. Il y a heureusement tout près de là, pour les piétons timides, pour les cavaliers et pour les voitures, une route qui conduit en ville par des pentes praticables, quoique très-roides. Entaillée dans les rochers qui de temps à autre surplombent le chemin, et bordée du côté du vide par un petit mur en pierres sèches, cette route se développe sur un versant si escarpé que beaucoup de voyageurs se demandent comment l'idée a pu venir de chercher un passage de ce côté. On arrive cependant, après deux ou trois lacets, au commencement de cette longue rue de James-Town que l'on a vue d'en haut en sortant de la ville pour monter au tombeau : c'est la rue Haute.

Les boutiques dans cette rue sont presque toutes des boutiques d'épicerie ou de nouveautés, où l'on achète au détail les marchandises de toute espèce que trois ou quatre négociants ont seuls les moyens de faire venir. Les matelots en permission à terre, les soldats et les ouvriers, trouvent dans cette longue rue un bon nombre de tavernes et pis encore. L'aspect misérable de ce quartier augmente encore quand on a dépassé la caserne, et la ville se termine brusquement à l'hôpital militaire. La route continue ensuite en s'élevant toujours, quoiqu'elle reste le long du cours d'eau; elle borde quelques maisons isolées, entourées de jardins, qui produisent les meilleurs fruits de Sainte-Hélène, et elle arrive bientôt dans une gorge étroite où deux cours d'eau se réunissent.

Celui de droite est formé par la réunion de deux ruisseaux, dont l'un provient de la cascade de Briars; la route longe un moment celui de gauche jusqu'à un petit ponceau devant lequel elle se sépare en deux. Si l'on prend à droite en franchissant le ruisseau, on est conduit par des rampes fort roides qui contournent le flanc de la montagne dans le ravin qui réunit ses eaux à celles de la cascade. Chemin faisant, on se trouve suspendu sur un sentier étroit et escarpé, au-dessus d'un gouffre profond, et vis-à-vis de la chute d'eau elle-même. Mais vue à une aussi petite distance la cascade perd de son intérêt, et l'attention est absorbée par les masses immenses de rochers qui entourent le spectateur et le dominent de toutes parts. Après avoir gravi quelque temps encore, et traversé le ravin que l'on côtoyait en montant, on atteint le plateau de Francis-Plain, où la milice vient trois ou quatre fois par an faire quelques exercices militaires, et tirer quelques salves d'artillerie. La route que l'on a suivie pour parvenir en cet endroit, et qui a été habilement ménagée dans les rochers, porte le nom du major Barnes, qui l'a tracée et exécutée en 1849; elle n'est pas accessible aux voitures.

Si on prend au contraire l'autre route quand on est au point de bifurcation ci-dessus, on ne franchit pas le ponceau, mais on se retourne au-dessus de la première partie de la route, et l'on monte en contournant un contre-fort arrondi; on passe devant les maisons de Briars, et on finit par rejoindre la route de Longwood par laquelle on est sorti de la ville la première fois. A ce carrefour on peut redescendre par un sentier fort roide dans le fond de la vallée, et on est bientôt sur la route qui fait suite à la ville; un instant après on se retrouve dans la rue Haute.

Quand on a dépassé le débouché de la route par laquelle on est descendu de Ladder-

Hill, on a devant soi une construction large et basse, sans aucune prétention architecturale, dont la destination est annoncée par un écriteau. C'est le marché, où des agents subalternes des notables négociants vendent en détail, trois fois par semaine, à la population de toute l'île, les morceaux de second choix des animaux les moins maigres de leurs troupeaux. On y trouve aussi quelques légumes, si les navires en rade n'ont pas ramassé d'avance tous les envois des jardiniers. En avant du marché la circulation est de temps en temps embarrassée par quelques fagots de branches d'ajoncs, mis en vente pour les besoins de la cuisine. Telles sont les ressources qu'offre le marché de James-Town. Une grande partie de la population, les nègres, les mulâtres, et un certain nombre d'ouvriers blancs ne vivent que de riz pendant toute l'année. D'un autre côté les principaux négociants pour eux-mêmes, et l'administration militaire pour la troupe et les officiers, retiennent d'avance tout ce qui leur est nécessaire, et ce n'est plus que l'excédant de ces premières exigences qui est offert à la population moyenne de Sainte-Hélène.

On tourne à droite devant le marché, et une portion de rue oblique fort courte amène au haut bout de la première rue de la ville, qui a reçu le nom de rue du Prince Alfred, en mémoire de la visite du deuxième fils de la reine, en septembre 1860; la rue Napoléon débouche précisément tout à côté. Quelques arbres peu touffus garnissent la façade des maisons bâties entre les deux rues secondaires, et faisant face à toute la longueur de la rue du Prince Alfred. Il y a fréquemment des ventes aux enchères sous ces arbres; ce sont quelquefois des marchandises qu'un capitaine marchand met en vente pour payer des réparations nécessaires à son navire, ou la cargaison d'un bâtiment qui se trouve hors d'état de continuer son voyage. Ce sont quelquefois encore des marchandises un peu détériorées par la mer, ou bien des fonds de magasin dont on veut se débarrasser pour faire place à de nouveaux arrivages. Quelles qu'en puissent être les causes, ce sont toujours pour des gens oisifs d'importantes distractions, et de temps à autre des occasions d'acquisitions à bon marché.

Quand on est sous ces arbres et qu'on se tourne vers le bas de la rue, on découvre pardessus la voûte qui forme l'entrée de la ville les navires à l'ancre, parmi lesquels il y a presque toujours quelques vaisseaux démâtés. Ce sont ordinairement des bâtiments qui doivent être démolis pour avoir servi à la traite des nègres, mais quelquefois ce sont des bâtiments qu'un tribunal d'experts a reconnus incapables de tenir la mer plus longtemps, et dont les capitaines vendent les débris comme ils peuvent, n'emportant à leurs armateurs que le certificat de ces experts. Il est arrivé aussi qu'un capitaine au long cours ayant besoin de faire faire à son bâtiment des réparations indispensables et importantes, mais n'étant pas suffisamment accrédité sur la place, a demandé à emprunter des fonds pour payer les frais qu'il allait faire. Son appel restait sans réponse, et ne pouvant payer de suite les prix considérables auxquels les travaux étaient évalués, il était forcé de mettre en vente le navire lui-même plutôt que de s'exposer à un naufrage sur la haute mer. Bientôt après ce même navire, acheté à bas prix, sans concurrence sérieuse, et réparé à peu de frais par les ouvriers ordinaires de l'acheteur, s'en allait par delà les mers, avec un équipage de rencontre, grossir la flotte des correspondants de Sainte-Hélène.

Le voyageur restant encore sous les mêmes arbres, mais bornant ses regards à la rue même où il se trouve, a devant lui deux rangées de maisons simples, propres et peu élevées, où demeurent les principaux négociants, et ceux des habitants aisés qui n'ont pas de résidence hors de la ville. Les magasins sont dans des arrière-cours, et sont desservis par des ruelles en arrière au pied de chaque versant du ravin. Des mâts de pavillon indiquent les bureaux des Consulats, qui sont répartis entre quatre maisons de commerce; on y hisse les pavillons nationaux des navires présents en rade.

Les deux premières maisons de la rue à droite et à gauche ont sur leurs façades des verandahs ou galeries formant à la fois terrasses et balcons à chaque étage. Celle de gauche, en regardant la mer, est occupée par la *mess* des officiers, c'est-à-dire le cercle où ils se réunissent, et où les officiers non mariés prennent leurs repas. La maison qui lui fait face appartient à la maison Salomon et Moss, dont les bureaux sont un peu plus bas, du même côté de la rue. M. G. Moss fait fonction de vice-consul de France. Cette maison est ce que l'on pourrait appeler la *maison des hôtes*. Les propriétaires y tiennent tous les jours et deux fois par jour table ouverte pour tous ceux qui sont en relation avec eux, marins ou passagers, pour les principaux employés de leurs bureaux, et pour ceux de leurs amis qu'ils rencontrent dans la rue au moment du repas.

Les chambres des étages sont consacrées par les mêmes négociants à tous les passagers notables qui sont à même d'en profiter. Cette hospitalité, toute gratuite de leur part, n'a de compensation que dans les bénéfices résultant de leurs opérations commerciales et financières avec ceux qui viennent les trouver.

On sait déjà que la rue du Prince Alfred s'élargit à sa partie inférieure et forme une petite place dont l'entrée est occupée à gauche par une église, avec un clocher terminé par une pyramide carrée. Cette construction, qui n'offre rien de remarquable, est déjà ancienne; en face est une maison particulière dans laquelle on montre la chambre où l'Empereur passa la première nuit qui suivit son débarquement. Sous les fenêtres de cette maison est un petit jardin public où la musique du régiment vient une fois par semaine distraire les habitants. Plus bas une rangée d'arbres ombrage la façade du Palais de justice; c'est un petit rez-de-chaussée composé de quelques pièces, où certains habitants de la rue Haute sont fréquemment cités pour des scènes de désordre et de dispute. A la suite du tribunal on voit un massif assez considérable de constructions diverses appelé *le Château,* entouré d'un mur crénelé, et où sont placés les bureaux des diverses administrations, la poste et les magasins militaires. Sur le côté opposé de la place on aperçoit le bâtiment de la douane et ses magasins, puis un hôtel où les passagers fatigués d'une longue traversée viennent passer les nuits que leur navire passe en rade. Entre cette auberge et l'église une petite maison basse contient les bureaux de l'artillerie du génie et du commandant de place. Deux pièces de canon placées sur leurs affûts devant ce petit édifice en relèvent l'importance; et cependant ces bouches à feu sont en quelque sorte hors de service, parce que leurs affûts sont complétement rongés à l'intérieur et tomberaient en poussière au premier choc. C'est le résultat du travail des fourmis blanches, qui ont jusqu'ici borné le cercle de leurs opérations à la ville même de James-Town, sans atteindre ni Ladder-Hill ni Briars. Ces petits insectes rongent le bois avec une rapidité extraordinaire et y creusent de longues galeries dans le sens des fibres, sans jamais dégrader la surface extérieure, jusqu'à ce que tout à coup la

CHAPITRE SEIZIÈME.

pièce qu'ils ont ainsi attaquée s'écrase sous le poids de ce qu'elle supporte. Le teck et plusieurs variétés du chêne sont les seules espèces de bois que les fourmis blanches ne réussissent pas à percer. Aussi toutes les maisons de la ville sont-elles plus ou moins lézardées par suite des dégâts de ces rongeurs, et l'on cite plusieurs exemples de planchers écroulés dont la chute n'avait pas d'autre cause que l'appétit extraordinaire de ces hôtes incommodes. Les bureaux de la maison Salomon et Moss, qui viennent d'être récemment reconstruits par suite de dévastations de ce genre, ont été relevés entièrement en pierre et en fer, et toutes les boiseries des portes, des fenêtres et des bureaux ont été faites en bois de teck. Aussi cette maison, qui a coûté des sommes considérables à ses propriétaires, est-elle destinée à voir se succéder autour d'elle plusieurs générations de maisons ordinaires.

La ville est traversée par un petit ruisseau qui suit la ruelle de dégagement ménagée en arrière de la rue du Prince Alfred, du côté de l'église, et va se jeter dans la mer après avoir traversé le fossé du retranchement qui ferme l'accès de la ville. C'est une source tributaire de ce ruisseau, et située au pied de la cascade de Briars, qui a été réservée, dès 1782, pour les besoins de James-Town. Ce travail, complété et amélioré à diverses reprises, en 1823, 1831, 1834 et 1856, fournit environ 1,500 litres d'eau à la minute, et dessert non-seulement la ville, mais encore la fontaine établie en 1782 sur la jetée pour les besoins des navires.

En 1852 on a également établi une conduite d'eau partant de la cascade de Briars, et dirigée sur la vallée de Rupert, pour le service de la prison civile et pour le dépôt des nègres.

CHAPITRE DIX-SEPTIÈME.

SOMMAIRE.

Administration. — Le gouverneur et son entourage. — Établissements publics. — Grand juge. — Tribunaux. — Police correctionnelle. — Institutions religieuses. — Écoles. — La milice et les volontaires. — Sociétés particulières. — Francsmaçons. — Un dernier mot sur les nègres. — Importance de ce dépôt. — Population de l'île. — Éphémérides.

Aux renseignements qui précèdent et qui portent sur tout ce que l'on peut voir à Sainte-Hélène, il est bon d'ajouter quelques détails pour faire connaître les institutions administratives ou civiles qui fonctionnent dans l'île.

On trouve d'abord un gouverneur civil, ayant le rang honoraire de vice-amiral, avec un traitement de 50,000 francs. Il administre l'île avec l'aide d'un conseil colonial, composé du grand juge et du commandant supérieur des troupes.

Ce conseil promulgue les lois décrétées en Angleterre, et établit en outre les règlements locaux que nécessitent les circonstances.

Autour de ce conseil se groupent :

1° Le secrétaire colonial, qui prépare officiellement le travail du gouverneur, et qui en réalité le fait presque en entier.

2° Le service de la trésorerie.

3° Le service du domaine et de l'ingénieur civil.

4° Le bureau des commissaires des domaines de la couronne. Le gouvernement s'étant substitué à la Compagnie des Indes, reste propriétaire d'espaces considérables, pour la plupart sans culture, qui n'ont jamais été vendus ni concédés à personne, et dont une faible partie seulement est affermée.

5° Le service des douanes, qui perçoit des droits sur les esprits, les vins et la bière, ainsi que des droits d'embarquement, de débarquement et de mouillage.

6° Le service des postes.

7° Une imprimerie administrative.

8° Un directeur d'enregistrement pour les naissances, les mariages et les décès.

9° Un hôpital civil, fondé en 1847 et ouvert en 1850, où les matelots de tous les pays sont admis gratuitement, une partie des droits de mouillage étant affectés à l'entretien de l'hôpital. Les ouvriers de l'île y payent 1 schelling par jour, et la paroisse donne 9 deniers par jour pour les pauvres (1).

10° Une prison civile pour les prévenus et les diverses catégories de condamnés.

La justice est rendue par un grand juge, juge unique, jugeant sans assistance de jury, et jouissant d'un traitement de 17,500 francs. Il siége tour à tour comme juge de la cour suprême et comme juge du tribunal de vice-amirauté pour juger les négriers.

Ce magistrat a près de lui un greffier en chef, un prévôt, un coroner pour faire les enquêtes, et un avocat de la Reine agissant comme mi-

---

(1) Cet hospice a reçu, en 1858, 355 malades, dont 282 marins, et en 1859, 207 malades, dont 150 marins.

nistère public. Il y a encore trois ou quatre avocats qui trouvent de meilleures sources de revenus derrière leurs comptoirs de bonneterie ou d'épicerie que dans leurs plaidoiries.

Un tribunal spécial formé par le conseil colonial auquel viennent se joindre le secrétaire colonial et les commandants de navires de guerre qui peuvent se trouver en rade, est appelé à connaître des crimes et délits commis en mer.

Enfin pour les délits de police correctionnelle et les démêlés de peu d'importance, on trouve un tribunal de police, composé d'un juge sommaire et d'un magistrat de police, et dix juges de paix sans traitement.

Le gouvernement anglais a établi à Sainte-Hélène, en 1859, un évêque anglican, dont le métropolitain est au cap de Bonne-Espérance. On a vu quels sont les emplacements des trois églises que desservent les ministres placés sous sa direction; il y a en outre deux chapelles établies dans des chaumières à Hutt's-Gate et à Sandy-Bay.

CHAPITRE DIX-SEPTIÈME.

On trouve en outre en ville une église baptiste, bâtie en 1854, et ayant dans la campagne quatre chapelles succursales. Enfin, vers l'extrémité sud de la ville, il y a une petite chapelle catholique avec un desservant.

Il y a huit écoles de divers degrés dans toute l'île, dont quatre sont entretenues par une société de bienfaisance.

La milice n'a pas été oubliée; elle a deux ou trois jours de réunion par an pour faire l'exercice sur le terrain de Francis-Plain. Il y a même des volontaires à Sainte-Hélène; ils forment un corps spécial qui compte, dit-on, jusqu'à soixante-six jeunes gens, d'ordinaire employés comme commis dans les divers magasins de James-Town.

Il y a une douzaine au moins de sociétés particulières de toute espèce, et quelques-unes comptent un assez grand nombre de membres. Ce sont des sociétés d'assurances ou de secours mutuels, de bienfaisance, etc. Les francs-maçons ont une loge qui fait tous les ans une procession publique le 27 décembre.

On sait déjà que c'est dans le vallon dit de Rupert, à l'est de James-Town, que se trouvent les baraques où sont déposés les noirs trouvés à bord des bâtiments négriers saisis par les croisières anglaises. De temps à autre un navire est frété pour les emmener soit à la Guyane, soit aux Antilles, dans les possessions anglaises, où ils sont employés comme nègres libres. Les habitants de Sainte-Hélène peuvent être admis à prendre chez eux quelques-uns de ces nègres, à la charge de les loger, de les nourrir et de les habiller; au bout d'un an les noirs sont libres de continuer leur service avec un salaire ou de chercher du travail ailleurs.

Le dépôt se trouvait vide au commencement de 1857; 446 nègres, hommes ou femmes, y furent amenés dans le courant de cette année, et sur ce nombre on en perdit 50, devenus malades pour la plupart à bord du navire sur lequel on les avait trouvés.

En 1858 il en entra 33 nouveaux seulement, et on en perdit encore 55. En outre, un navire vint en prendre 311, et 55 furent placés dans l'île.

CHAPITRE DIX-SEPTIÈME.

L'année 1859 commençait donc avec 8 pensionnaires seulement; mais il ne tarda pas à en arriver 1,174 nouveaux, sur lesquels 74 moururent, 4 furent placés en ville, et 4 autres évacués à bord d'un navire de passage, et à la fin de cette année le dépôt comptait encore 1,100 noirs.

On voit quelle importance ce dépôt acquiert de temps à autre.

Quant à la population de l'île elle-même, on l'évaluait en 1815 à 776 blancs, 1,353 esclaves noirs, 447 noirs libres, 280 Chinois et 15 Malais, formant un total de 2,871 habitants. Un recensement fait en 1849 a porté la population à 5,490 habitants; il y a une différence sensible entre ces deux époques, mais l'accroissement ne paraît pas devoir continuer de la même manière.

Dans les années 1858 et 1859 on a constaté 387 naissances seulement contre 505 décès, dont 140 au-dessous d'un an.

Il y a eu dans cette même période 139 mariages célébrés.

Les dates suivantes sont celles des principaux événements se rattachant à l'histoire de Sainte-Hélène.

1795. Quatre compagnies de la garnison sont détachées pour aller coopérer à la prise du cap de Bonne-Espérance sur les Hollandais.

1805. Trois compagnies sont détachées pour appuyer l'attaque du général Beresford sur Buenos-Ayres.

1807. Invasion de la rougeole.

1818. Les esclaves nés après Noël sont déclarés libres.

1828. La Compagnie des Indes remplace un certain nombre de baux de fermages par des titres de propriété.

1832. La Compagnie rachète les esclaves, au nombre de 644, moyennant la somme de 701,571 fr. 25 c.

1838. Départ de 150 émigrants pour le cap de Bonne-Espérance, et visite du prince William-Henry Frédéric, petit-fils de Guillaume Ier de Hollande.

CHAPITRE DIX-SEPTIÈME.

1842. 4 octobre, arrivée du régiment local de Sainte-Hélène, fort de 5 compagnies.
1843. Nouvelle invasion de la rougeole.
1852. Abolition de tous les droits de douane, à l'exception de ceux sur les vins et esprits.
1860. Émigration de 100 travailleurs pour les Antilles.
29 septembre, visite du prince Alfred d'Angleterre.
Arrivée d'un renfort pour la garnison.
1861. Janvier, arrivée d'un second renfort.

CHAPITRE DIX-HUITIÈME.

SOMMAIRE.

De l'origine de Sainte-Hélène. — Crête centrale. — Grand cratère. — Décomposition des roches. — Des laves; plusieurs variétés. — Scories magnétiques. — Les calcaires ne peuvent servir; le plâtre existe à peine. — Trois espèces de pierres à bâtir. — Dépôts de coquillages. — Grottes. — Pierre ponce. — Archipel en formation.

Aucun indice ne vient en aide pour décider si l'île de Sainte-Hélène est le produit d'un soulèvement de la croûte solide du globe, ou si elle est, ainsi que l'Ascension, un reste d'une chaîne de montagnes qui se serait affaissée.

La structure de l'île a été modifiée à différentes époques, espacées peut-être à de grands intervalles. On rencontre sur un grand nombre de points des couches successives de schistes argileux, des laves et des bandes stratifiées de sables et de marnes; ces stratifications sont souvent remarquables par le nombre de couches minces qu'elles présentent. Comme ces couches semblent appartenir à des terrains de sédiment, on peut y voir une preuve à l'appui de la théorie de la formation par soulèvement.

D'autre part, en voyant partout les couches des diverses roches se terminer brusquement, on en conclut nécessairement que les grands bouleversements de la nature qui ont séparé ce qui reste de ce qui a disparu, ont amené la forme escarpée des côtes en plongeant dans l'Océan une partie de l'île.

On a déjà vu que les vallées de Sainte-Hélène partent d'une crête centrale, qui décrit une courbe depuis les Oreilles d'âne jusqu'aux Sommets de pierre (1), et dont on peut trouver encore le prolongement dans la roche Speery à une extrémité, et dans la roche Shore et l'îlot George à l'autre.

---

(1) Noms de deux roches qui s'élèvent considérablement au-dessus de tout ce qui les entoure en deux points différents de l'île.

Les couches de basalte sont partout inclinées vers la mer, ce qui doit faire penser qu'elles proviennent toutes d'un cratère central, qui a dû avoir une forme elliptique d'environ 13 à 14 kilomètres de long sur 6 à 7 de large, le grand axe étant dirigé du sud-ouest vers le nord-est comme le grand axe actuel de l'île.

La crête centrale se compose de roches feldspathiques grises et de tufs rouges argileux. Entre le pic de Diane et West-Lodge la crête a une apparence et une structure uniformes; les pentes méridionales, celles qui sont à l'intérieur du cratère, s'abaissent plus rapidement que les pentes extérieures, et forment même des escarpements, et au haut de ces pentes, un peu au-dessous du sommet, on trouve une banquette qui suit le développement de la crête; cette circonstance se présente souvent au pourtour des cratères volcaniques. En quelques endroits la crête est surmontée d'un mur ou parapet vertical sur ses deux faces, ce qui se présente aussi dans plusieurs volcans; ceci vient donc à l'appui de l'hypothèse qui place un cratère au sud de l'île.

La plupart des roches de Sainte-Hélène sont feldspathiques, et leur décomposition est très-avancée ; elles présentent fréquemment des suites de couches de diverses couleurs. Quelques-unes, et tout particulièrement les blanches, les jaunes ou les brunes, proviennent d'anciens courants de lave ; mais le plus grand nombre doit avoir été projeté sous forme de scories ou de cendres. En se rapprochant des côtes, les couches deviennent plus compactes, et sur la côte même elles présentent bien moins de caractères de décomposition.

Ces bandes, colorées par des oxydes de fer, sont généralement dirigées de l'ouest à l'est, et inclinées de 18 à 20 degrés à l'horizon. Leurs couleurs, vives et variées, sont le rouge vif, l'orange et le jaune, avec toutes les teintes intermédiaires.

On trouve à Sainte-Hélène une masse rocheuse de lave très-voisine de l'époque trachytique, et provenant d'une éruption postérieure à la formation des couches de basalte. Cependant les laves feldspathiques sont traversées par un grand nombre de filons riches en cristaux d'augite, ce qui annonce une tendance à un retour vers l'ordre de superposition le plus habituel.

A l'Ascension, la surface des courants de lave est brillante comme s'ils venaient de se répandre; leurs limites sont bien définies, et on peut suivre leurs traces jusqu'à leurs cratères, bien conservés eux aussi. On n'y remarque pas un seul filon; la côte est basse sur presque tout le pourtour de l'île, et le travail de la mer s'est borné à y entailler un ressaut de 3 à 9 mètres de hauteur.

A Sainte-Hélène, au contraire, on ne peut plus indiquer les limites d'un seul courant de lave; il ne reste plus qu'une portion d'un immense cratère, et sur le côté opposé de l'île la mer a rongé et détruit des masses énormes pour ne laisser à la place que des escarpements gigantesques.

Les laves que l'on rencontre à Sainte-Hélène sont de diverses espèces. Il en est de très-compactes et très-dures, à grain très-serré, dont la cassure est conchoïdale et d'une couleur bleue assez foncée; une autre espèce, légèrement poreuse, est plus grisâtre à l'intérieur, et peut se casser plus aisément; le grain en est moins fin. Une troisième espèce est encore plus poreuse; sa couleur est tout à fait grise, et le grain est gros et lâche; elle est de plus remplie de cavités cellulaires qui la rendent assez légère.

On trouve près de Flagstaff, et sur les plateaux avoisinants de Longwood et de Deadwood, de grandes quantités de scories grises, noires, brunes ou rougeâtres. Elles présentent généralement une forme arrondie, et leurs dimensions sont très-variables; elles ne pèsent souvent que quelques grammes : on en voit qui pèsent 9 kilogrammes; il en est même qui vont jusqu'à 45 kilogrammes. Les plus grosses sont moins denses que les plus petites. L'intérieur est souvent occupé par une cavité ronde ou allongée dont les parois ont un aspect rougeâtre. La dureté de ces scories n'est pas très-considérable, et leur cassure est irrégulière; elles donnent quelques étincelles au briquet et attirent l'aiguille aimantée. La forme ronde de ces globules, dont quelques-uns sont formés de couches concentriques de diverses couleurs, semble devoir être attribuée à des masses liquides projetées dans les airs, et qui se sont solidifiées en retombant.

On peut trouver dans l'île quatre espèces de calcaires, qui ne peuvent être employés comme matériaux de construction, et dont une espèce seulement peut servir à la fabrication de la chaux; elle contient généralement 33 pour 100 de quartz coloré par du fer et 60 pour 100 de carbonate de chaux. C'est donc un calcaire fort pauvre, et comme on ne peut facilement l'exploiter qu'à l'extrémité de la vallée de Sandy-Bay, sur le bord de la mer, dans une région de l'île où l'on trouverait à peine des chardons à brûler, il faut payer très-cher un produit fort médiocre.

En revanche, le plâtre est à peu près inconnu. On en trouve un peu dans l'îlot Georges, situé au sud-est de Sainte-Hélène, et où il est difficile d'atterrir. Ce fut là qu'on dut en aller chercher pour mouler les traits de l'Empereur avant de l'ensevelir. On a aussi trouvé un peu de plâtre à Flagstaff et à Barn-Hill; il se présentait là sous forme de stalactites suspendues dans des anfractuosités de rochers ou en couches minces adhérentes aux parois de quelques crevasses. Quelquefois même l'action du feu l'avait privé de son eau de cristallisation.

On ne trouve à Sainte-Hélène que trois espèces de pierres à bâtir : la première est une brèche ou un grossier conglomérat rouge composé de substances calcinées; on la trouve principalement dans la vallée même de James-Town, au-dessous de la route de Longwood, et il y en a une carrière ouverte en face de l'hôpital civil. Cette pierre est douce et poreuse et se décompose rapidement à l'air, aussi ne peut-elle guère être employée à l'extérieur que revêtue d'un enduit.

La seconde espèce est une lave d'un bleu grisâtre très-abondante dans l'île; elle est presque aussi dure que le granit et très-dense, quoique percée de trous comme la plupart des laves. Elle est souvent traversée par des veines de silice qu'il est difficile de travailler même avec des ciseaux bien aciérés.

La troisième espèce est une lave plus grise et plus poreuse que la précédente et plus facile à travailler; on la trouve principalement à High-Knoll.

On trouve au sud et au nord de l'île, près des côtes, des dépôts calcaires composés de coquillages fins cimentés par des matières terreuses. Le vent les a apportés dans ces endroits, où ils se sont déposés par couches que les pluies ont traversées et transformées en calcaires.

On rencontre près de Flagstaff une pierre ponce noire commune, et vers l'extrémité des ravins des environs, à leur débouché dans la mer, on en trouve une variété à fibres soyeuses. A l'issue de quelques ravins, la mer a affouillé les débris amenés par les eaux et entraîné les plus petits et les plus mobiles; les autres, s'arc-boutant réciproquement, ont formé des grottes plus ou moins vastes dans lesquelles la mer vient s'engager.

On sait déjà que Sainte-Hélène est entourée

de falaises énormes rongées par la mer, et l'on peut remarquer que la partie où elles ont le moins de hauteur est précisément celle qui se trouve sous le vent de l'île depuis Sugar-Loaf jusqu'à South-West Point.

Depuis un demi-siècle, on a signalé entre les longitudes 22° et 24° ouest, vers un demi-degré au sud de l'équateur, des phénomènes volcaniques en pleine mer, des tremblements de terre, des eaux troubles, des scories flottantes et des colonnes de fumée. La ligne qui réunit Sainte-Hélène à l'Ascension, prolongée vers le nord-nord-ouest, rencontre l'espace que nous venons de désigner, ce qui tendrait à faire supposer qu'un archipel, ou tout au moins une série de quelques îles, est en train de se préparer dans cette direction.

APPENDICE.

Liste des gouverneurs de Sainte-Hélène. — Taxes principales. — Prix moyen des marchés. — Tableau des navires qui ont touché à Sainte-Hélène. — Vaisseaux ayant payé le droit de tonnage. — Valeur des importations et des exportations. — Extrait des revenus et des dépenses de l'île. — Composition de l'escadre de la côte d'Afrique. — Principaux arbres et fruits de Sainte-Hélène.

Liste des gouverneurs de Sainte-Hélène depuis 1657 jusqu'à nos jours.

1° De 1657 à 1672 :

    Dutton.
    Stringer.
    Swallow.
    Coney.
    Bennett.
    Beale.

2° En 1672, sous les Hollandais :

. Dyke.

3° Sous le gouvernement de la Compagnie des Indes (1) :

Sir Richard Münden. — Mai 1673.

Capitaine Richard Kegwin. — 1673.

Capitaine Gregory Field. — 1674.

Major John Blackmore *. — 19 juin 1678.

Capitaine Joshua Johnstone, tué par un mutin*. — 1ᵉʳ octobre 1690.

Capitaine Richard Keelinge *. — 22 avril 1693.

Capitaine Stephen Poirier *. — 30 novembre 1697.

Capitaine Thomas Goodwin. — 8 septembre 1707.

Capitaine John Roberts. — 24 août 1708.

Capitaine Benjamin Boucher. — 7 août 1711.

---

(1) Les astérisques indiquent les gouverneurs morts en fonctions.

APPENDICE.

Capitaine Mathew Bazett (par intérim). — 29 juin 1714.

Capitaine Isaac Pike. — 8 juillet 1714.

Edward Johnson *. — 13 juin 1719.

Edward Byefield (par intérim). — 16 février 1723.

Capitaine John Smith. — 28 mai 1723.

Edward Byefield (2ᵉ fois). — 26 février 1727.

Capitaine Isaac Pike (2ᵉ fois). — Mars 1731.

John Goodwin *. — 28 juillet 1738.

Dukeerisp (par intérim). — 1739.

Robert Jenkens. — Mai 1740.

Major Thomas Lambert *. — 22 mars 1741.

George Powell (par intérim). — 21 juillet 1742.

Colonel David Dunbar. — 11 mars 1743.

Charles Hutchinson. — 14 mars 1747.

John Scottowe. — 10 mars 1764.

Daniel Cornelle. — 25 juillet 1782.

Colonel Robert Brooke. — 22 juin 1787.

Lieutenant-colonel Frances Robson (par intérim). — 13 juillet 1801.

Colonel Robert Patton. — 11 mars 1802.

Lieutenant-colonel William Lane (par intérim). — 13 juillet 1807.

Major général Alexandre Beatson. — 4 juillet 1808.

Colonel Mark Milks. — 21 août 1813.

Lieutenant général sir Hudson Lowe. — 14 avril 1816.

Thomas Henry Brooke (par intérim). — 25 juillet 1821.

Brigadier général Alexandre Walker. — 11 mars 1823.

Thomas Henry Brooke (2ᵉ fois, par intérim). — 14 avril 1828.

Brigadier général Charles Dallas.—29 avril 1828.

4° Sous le gouvernement de la Couronne :

Major général Middlemore. — 24 février 1836.

Colonel Franklin Trelauney*. — 6 janvier 1842.

Lieutenant-colonel Fraser (par intérim). — 4 mai 1846.

APPENDICE.

Lieutenant-colonel J. Ross (par intérim). — 18 juillet 1846.

Major général sir Patrick Ross *. — 23 novembre 1846.

Lieutenant-colonel R. Clarke (par intérim). — 28 août 1850.

Colonel Thomas Gore-Brown.—19 juillet 1851.

Colonel H. N. Vigors (par intérim). — 15 décembre 1854.

Hay Drummond-Hay, gouverneur actuel. — 13 octobre 1856.

Tableau des principales taxes établies à Sainte-Hélène.

Voitures à 4 roues.	53 fr.	32 c.
— 2 roues.	26	66
Charrettes à 4 roues.	26	66
— 2 roues.	13	33
Cheval de selle ou de louage. . .	13	33
Cheval de ferme ou de charrette.	6	66
Chien au-dessus de trois mois. . .	13	33

OCTROIS :

Esprits par gallon (4 litres 1/2). . 13 fr. 33 c.
Vin par gallon. 2   33
Bière par bouteille. 0   05
Bière en fût, la barrique. 13   33

Taxes établies sur les eaux amenées par diverses conduites d'eau.

Pour les locaux d'une valeur de 25,000 fr. ou loués 1,250 fr. et au-dessus. . . 40 fr. 00 c.
Pour les locaux d'une valeur de 10,000 fr. à 25,000 fr. ou loués de 500 fr. à 1,250 fr. 26   66
Pour les locaux d'une valeur de 2,500 fr. à 10,000 fr. ou loués de 125 fr. à 500 fr. 13   33
Pour les locaux de moindre importance. 1   33

Prix moyen des marchés de Sainte-Hélène pendant les dernières années.

	1857	1858	1859
	fr. fr.	fr. fr.	fr. fr.
Pommes de terre (les 50 kilogrammes).	De 26,66 à 40,00	De 32,00 à 40,00	De 37,33 à 40,00
Carottes, navets, raves, oignons, etc. (la botte).	0,45 à 0,66	0,56 à 0,66	0,45 à 0,66
Choux (chacun).	0,45 à 0,88	0,55 à 0,88	0,55 à 0,88
Poires (le cent).	3,33 à 4,00	3,33 à 4,00	3,33 à 4,00
Pêches (la douzaine).	0,33 à 1,11	0,33 à 1,11	0,33 à 1,11
Raisin (450 grammes).	1,33 à 2,00	1,33 à 2,66	1,33 à 2,66
Bœuf ou mouton (450 grammes).	1,11 à 1,33	1,33 "	1,33 "
Porcs vivants (450 grammes).	0,78 à 0,88	0,78 à 0,88	En 1860 : 1,66
Volailles (chacune).	2,66 à 4,66	3,33 à 4,66	0,78 à 0,88
Canards (chacun).	4,00 à 5,33	4,00 à 5,33	3,33 à 4,66
Oies (chacune).	13,33 à 16,00	16,00 à 20,00	4,00 à 5,33
Dindons (chacun).	20,00 à 26,00	24,00 à 28,66	16,00 à 20,00
OEufs (la douzaine).	2,66 à 3,33	2,66 à 3,33	24,00 à 28,66
Foin (les 50 kilogrammes).	6,00 à 6,66	6,00 à 6,66	2,66 à 3,33
Foin comprimé (par balles de 59 kilogr.).	6,66 à 10,00	6,66 à 10,00	6,66 à 8,00
Fourrage fin (par balles de 59 kilogrammes).	8,00 à 8,66	6,66 à 10,00	6,66 à 10,00
Bois à brûler (par charge d'âne).	1,33 à 1,66	1,66 à 2,00	6,66 à 10,00
Moutons vivants (chacun).	53,33 à 60,00	46,66 à 60,00	4,66 à 2,00
Café de l'île (450 grammes).	2,00 "	2,00 "	46,66 à 60,00
			2,00 "

APPENDICE.

Tableau des navires qui ont touché à Sainte-Hélène du 1ᵉʳ décembre 1857 au 30 novembre 1858.

NATIONALITÉS.	NAVIRES DE GUERRE		NAVIRES DE COMMERCE			TOTAL.	TONNAGE MARCHAND.			TOTAL.
	à vapeur.	à voiles.	à vapeur.	à voiles.	baleiniers.		Vapeur.	Voiles.	Baleiniers.	
Angleterre..	8	6	20	564	»	598	16,643	345,004	»	361,647
France....	»	3	»	122	»	125	»	48,309	»	48,309
Hollande...	»	»	»	164	»	164	»	103,095	»	103,095
États-Unis..	2	3	»	58	63	126	»	42,229	16,375	58,604
Suède.....	»	»	»	29	»	29	»	10,763	»	10,763
Prusse.....	»	»	»	3	»	3	»	1,404	»	1,404
Norwége...	»	»	»	10	»	10	»	3,795	»	3,795
Brême.....	»	»	»	7	»	7	»	3,445	»	3,445
Hambourg..	»	»	»	23	»	23	»	6,844	»	6,844
Belgique...	»	»	»	3	»	3	»	1,460	»	1,460
Danemark..	»	»	»	9	»	9	»	3,410	»	3,410
Espagne...	»	»	»	12	»	12	»	6,208	»	6,208
Russie.....	»	»	»	5	»	5	»	2,189	»	2,189
Mecklembourg.	»	»	»	3	»	3	»	1,474	»	1,474
Sardaigne..	1	»	»	1	»	1	»	193	»	193
Hanovre...	»	»	»	1	»	1	»	168	»	168
Chili......	»	»	»	1	»	1	»	450	»	450
Naples.....	»	»	»	4	»	4	»	»	»	»
Inconnus...	»	»	»	»	»	»	»	»	»	»
Totaux...	11	12	20	1,019	63	1,125	16,643	580,140	16,375	613,158

APPENDICE.

Tableau des navires qui ont touché à Sainte-Hélène du 1er décembre 1858 au 30 novembre 1859.

NATIONALITÉS.	NAVIRES DE GUERRE			NAVIRES DE COMMERCE				TONNAGE MARCHAND.			TOTAL.
	à vapeur.	à voiles.		à vapeur.	à voiles.	baleiniers.	TOTAL.	Vapeur.	Voiles.	Baleiniers.	
Angleterre	15	4		14	551	»	584	8760	346,111	»	354,871
France	2	2		»	112	»	116	»	49,488	»	49,488
Hollande	1	1		»	127	»	129	»	77,335	»	77,335
États-Unis	»	»		»	69	60	129	»	51,565	16,857	68,422
Suède	»	»		»	28	»	28	»	12,169	»	12,169
Prusse	»	»		»	5	»	5	»	3,092	»	3,092
Norwége	»	»		»	5	»	5	»	2,090	»	2,090
Brême	»	»		»	9	»	9	»	4,545	»	4,545
Hambourg	»	»		»	20	»	20	»	7,190	»	7,190
Belgique	»	»		»	1	»	1	»	302	»	302
Danemark	»	»		»	7	»	7	»	4,062	»	4,062
Espagne	»	»		»	10	»	10	»	7,687	»	7,687
Russie	»	»		»	1	»	1	»	471	»	471
Mecklembourg	»	»		»	1	»	1	»	375	»	375
Sardaigne	»	»		»	1	»	1	»	252	»	252
Hanovre	»	»		»	2	»	2	»	540	»	540
Sicile	»	»		»	1	»	1	»	764	»	764
Oldenbourg	»	»		»	1	»	1	»	614	»	614
Inconnus (négriers saisis)	»	»		»	8	»	8	»	»	»	»
TOTAUX	18	7		14	959	60	1058	8760	568,652	16,857	594,269

Tableau des navires qui ont touché à Sainte-Hélène du 1er décembre 1859 au 30 novembre 1860.

NATIONALITÉS.	NAVIRES DE GUERRE à vapeur.	NAVIRES DE GUERRE à voiles.	NAVIRES DE COMMERCE à vapeur.	NAVIRES DE COMMERCE à voiles.	baleiniers.	TOTAL.	TONNAGE MARCHAND. Vapeur.	TONNAGE MARCHAND. Voiles.	TONNAGE MARCHAND. Baleiniers.	TOTAL.
Angleterre...	9	7	11	591	3	621	10,053	369,698	705	380,456
France......	1	»	»	137	»	140	»	58,562	»	58,562
Hollande....	»	2	»	145	»	145	»	87,200	»	87,200
États-Unis...	1	»	»	70	77	148	»	54,609	18,367	72,976
Suède.......	»	»	»	26	»	26	»	9,815	»	9,815
Prusse......	»	»	»	2	»	2	»	1,111	»	1,111
Norwége.....	»	»	»	5	»	5	»	1,993	»	1,993
Brême.......	»	»	»	3	»	3	»	2,500	»	2,500
Hambourg....	»	»	»	17	»	17	»	4,791	»	4,791
Belgique.....	»	»	»	4	»	4	»	2,347	»	2,347
Danemark....	»	»	»	6	»	6	»	2,186	»	2,186
Espagne.....	»	»	»	12	»	12	»	6,846	»	6,846
Russie......	»	2	»	1	»	3	»	500	»	500
Mecklembourg.	»	»	»	2	»	2	»	812	»	812
Sardaigne....	»	»	»	2	»	2	»	771	»	771
Hanovre.....	»	»	»	1	»	1	»	490	»	490
Sicile.......	»	»	»	2	»	2	»	1,570	»	1,570
Oldenbourg...	»	»	»	1	»	1	»	»	»	»
Pérou.......	1	»	»	2	»	3	»	1,837	»	1,837
Chili........	»	»	»	1	»	1	»	250	»	250
Montevideo...	»	»	»	1	»	1	»	320	»	320
Inconnu.....	»	»	»	1	»	1	»	»	»	»
Totaux...	12	11	11	1,031	80	1,145	10,053	608,208	19,072	637,333

Nombre de vaisseaux qui ont payé le droit de tonnage à Sainte-Hélène pendant neuf années, avec l'indication des tonnages.

ANNÉES.	NOMBRE DE NAVIRES.	TONNAGE TOTAL.	TONNAGE MOYEN PAR NAVIRE.
1851.	888	415,914 tonneaux.	468 tonneaux 37
1852.	820	416,778	508 — 26
1853.	898	445,338	495 — 92
1854.	997	488,180	489 — 64
1855.	1,044	562,032	538 — 34
1856.	1,107	594,677	537 — 49
1857.	1,080	609,331	564 — 49
1858.	1,056	592,556	561 — 13
1859.	957	553,297	578 — 15
	8,847	4,678,103 tonneaux.	

Tonnage moyen par navire pour toute cette période. . . . . 528 tonneaux 7

On pourra remarquer que, malgré le grand nombre de navires occupés dans la Méditerranée en 1854-55-56, le nombre des passages à Sainte-Hélène n'a pas diminué.

Tableau de la valeur des importations et des exportations de l'île Sainte-Hélène avec différents ports ou différents pavillons pour les années 1856-57-58 (en livres sterling).

	IMPORTATIONS.			EXPORTATIONS.		
	1856.	1857.	1858.	1856.	1857.	1858.
Angleterre............	44,105	58,896	37,454	1,508	10,877	13,567
Akyab...............	198	»	61	»	»	»
Ascension............	»	»	»	»	»	»
Bombay..............	62	6,353	8,533	»	»	108
Cap de Bonne-Espérance.	Ensemble	23,133	21,724	Ensemble	1,842	910
Maurice.............	17,595	3,814	4,320	436	»	»
Ceylan..............	90	334	85	»	»	»
Calcutta.............	8,359	7,744	3,575	»	»	»
Moulmein............	255	60	104	»	»	»
Madras..............	75	»	102	»	»	»
Rangoon.............	»	80	40	»	»	»
Singapoore...........	»	»	43	»	»	»
Buenos-Ayres.........	»	»	225	»	»	»
Chine...............	781	282	586	»	»	»
Côtes d'Afrique.......	»	581	1,800	»	90	1,620
Danemark...........	»	»	10	»	»	»
France..............	454	194	1,326	»	»	»
Hambourg...........	40	27	52	»	»	»
A reporter...........	68,714	101,492	80,040	1,944	12,809	16,205

APPENDICE.

Suite du tableau de la valeur des importations et des exportations de l'île Sainte-Hélène avec différents ports ou différents pavillons pour les années 1856-57-58 (en livres sterling).

	IMPORTATIONS.			EXPORTATIONS.		
	1856.	1857.	1858.	1856.	1857.	1858.
Report..........	68,714	101,492	80,040	1,944	12,809	16,205
Hollande..........	760	380	136	»	»	»
Java.............	22	62	6	»	»	»
Little-fish Bay.....	»	»	914	»	»	676
Manille...........	363	423	624	»	»	»
Norwège..........	10	»	303	»	»	»
Padang...........	»	»	260	»	»	»
Russie............	»	»	10	480	20	235
Rio...............	»	»	»	»	»	»
Suède............	76	49	35	»	»	»
Wolwich-Bay......	»	»	244	»	»	»
États-Unis........	6,429	7,249	6,468	22,585	22,310	10,766
Pêcheries de la baleine dans les mers du Sud......	24,571	22,582	10,979	»	»	»
Colingapatam......	20	»	»	»	»	»
Réunion...........	290	»	»	»	»	»
Brême............	4	»	»	»	»	»
Autres ports d'Afrique.	303	»	»	216	»	»
Totaux...........	101,562	132,237	99,719	24,925	35,139	27,882

SAINTE-HÉLÈNE. APPEND

Extrait des revenus et des dépenses de l'île en 1857-58.

TES.	En 1857.	En 1858.
	£ s. d.	£ s. d.
de port de		
. . . . . .	15,145.04.08	14,635.14.00
ventes territo-	50.00.00	76.02.06
ial.	1,229.09.07	1,199.04.02
entes aux en-		
. . . . . .	301.07.10	610.11.06
ites).	1,261.00.00	1,094.05.00
. . . . . .	339.00.00	323.05.00
. . . . . .	127.12.05	158.18.03
iscations, frais		
. . . . . .	89.11.00	69.06.00
r l'État. . . .	26.16.06	15.18.06
à l'État. . . .	48.11.01	71.15.07
des payements		
. . . . . .	181.08.06	243.07.02
les.	1,037.00.04	1,031.12.03
issariat. . . .	20,336.03.02	19,830.05.00
janvier 1858.	213.16.09 ½	113.00.10 ½
	40,387.01.10 ½	39,473.05.09 ½

DÉPENSES.	En 1857
	£ s. d
Salaires ordinaires	10,929.10.1
— extraordinaires. . . .	507.18.0
Gratifications.	183.00.0
Dépenses de bureaux.	421.15.1
Pensions.	399.02.0
Frais de perception (en sus des salaires).	16.19.0
Frais de justice (en sus des salaires).	74.05.0
Frais d'hôpital (en sus des salaires).	1,199.10.0
Frais de police et de prison (en sus des salaires). . . .	393.00.0
Rentes.	49.10.09
Travaux et bâtiments.	1,332.06.00
Routes, rues et ponts	442.13.03
Caisses des veuves et orphelins.	951.05.06
Drawbacks et restitutions de droits.	87.19.09
Dépenses spéciales	3,293.15.08
Caisse du commissariat. . . .	19,991.08.00
Balance au 31 décembre 1858.	113.00.10
	40,387.01.10

Composition de l'escadre employée sur la côte d'Afrique à la poursuite des navires négriers, à la fin de 1859.

(Les bateaux à hélice sont désignés par un H placé à côté du nombre indiquant la force de la machine.)

	CANONS.	CHEVAUX.
Antelope.	3	260
Arrogant (frégate).	47	360 H
Archer.	13	202 H
Ardent.	5	200
Boscawen (vaisseau amiral).	70	»
Brisk.	16	250
Brune (remorqueur).	»	80
Buffalo (magasin).	»	80 H
Falcon.	17	100 H
Hermes.	6	220
Lynx.	4	80 H
Meander (magasin à l'Ascension).	»	»
Meduse.	4	312
Promethæus.	5	200
Pluton.	4	100
Persian (sloop).	12	»

APPENDICE.

Sharpshooter.	8	202 H
Lyra.	9	60 H
Sidon (frégate).	22	560
Spitfire.	5	140
Surprise (canonnière).	4	200 H
Triton.	3	200
Viper.	4	80

Indication des principaux arbres et fruits de Sainte-Hélène.

Les principales espèces à signaler sont :

Le pin ordinaire, qui forme sur un certain nombre de points des plantations assez importantes, mais qui vont un peu en diminuant faute de nouveaux semis. Le bois qu'on en tire n'est que rarement bon pour les constructions; il se décompose rapidement s'il est exposé au mauvais temps.

Des sapins, mélèzes, etc., en quantités peu considérables.

Le chêne ordinaire, qui atteint rarement des proportions un peu considérables; il en existe une espèce, qui sans être beaucoup plus vigoureuse que les autres, donne des glands d'une grosseur remarquable.

Le chêne-liége et le houx en petit nombre.

L'eucalyptus, un petit nombre d'individus seulement, qui s'élèvent à une très-grande hauteur, sans presque autre chose qu'un tronc assez mince.

L'arbre banian, dans plusieurs vallées, et donnant un assez bel ombrage.

L'arbre à gomme élastique, quelques individus seulement.

Le gommier, principalement dans le quartier de Longwood.

Le saule du port Jackson, dont on a fait quelques petits bois de peu d'étendue.

Le saule de l'Empereur, qui se rencontre fréquemment dans l'île.

Le peuplier blanc.

Le genêt d'Espagne.

Le dattier et le cocotier, quelques individus.

L'olivier sauvage, assez répandu.

Le figuier,   id.

Les pamplemousses,
Le laurier,
Le magnolia, } dans les jardins.
Le camellia,
Le myrte.

L'acacia, peu répandu.

Le cabbage-tree, qui abonde sur les crêtes centrales de l'île; ce n'est qu'un arbrisseau, mais il paraîtrait qu'il a offert des individus assez forts. Fibre molle et lâche; le nom est dû à son aspect.

L'aloès, l'agave et les cactus (1), existent partout dans l'île, surtout dans les parties moyennes et inférieures, et présentent un assez grand nombre de variétés; on les utilise comme clôtures.

L'ajonc ordinaire, qui a l'énorme avantage de ne demander aucun soin, et qui suffit presque à lui seul comme combustible pour toute la

---

(1) Il y a dans l'île deux variétés principales de cactus, l'une à feuilles minces et à fruits rouges, l'autre dont les feuilles sont plus épaisses et dont les figues sont blanches.

population; malgré la consommation qui s'en fait journellement, l'espèce ne paraît pas près de disparaître. Il paraît que son existence dans l'île ne remonte pas à plus de cent cinquante ans.

Le géranium, à peu près aussi répandu que les aloès et les cactus.

Le fuchsia, très-répandu au centre de l'île à l'état sauvage.

Le cotonnier, en petite quantité.

Le caféier sauvage, et aussi en culture.

Le bananier.

Le bambou.

Le mango, en petite quantité.

Le cherimoya,   id.

Le loquat, abondant et agréable.

Le goyave, en petite quantité.

Les limons,   id.

Les oranges,   id.

Les poires, dures et sans goût.

Les pêches, très-abondantes, mais petites et peu parfumées.

Les figues, petites, dures et peu sucrées.

Les noix, très-rares.

Les coings, très-rares.

Les noisettes, id.

Le raisin, mûrissant mal, peu abondant.

Les courges, potirons, les ignames, etc., etc.

TABLE DES MATIÈRES.

AVANT-PROPOS. 1

INTRODUCTION.

Découverte de Sainte-Hélène. — Premiers occupants. — Chartes de 1661 et de 1674. — Absolutisme de la Compagnie des Indes. — Administration par le gouvernement anglais en 1815. — Retour à la Compagnie. — Sort réservé à Longwood. — Acquisition moyennant un crédit voté en 1858. — Envoi d'officiers français 5

CHAPITRE PREMIER.

Vents de sud-est et arrivée à Sainte-Hélène. — Curiosité des passagers. — Aspect sombre et désolé de l'île à l'extérieur. — Côtes acores et sûres pour la navigation. — Les vallons se réduisent à des crevasses. — Ravin de la prison. — Mouillage. — James-Town vu de la rade 11

CHAPITRE DEUXIÈME.

Débarquement. — Premier gîte de l'Empereur à Sainte-Hélène. — Renseignements géographiques. — Disposition générale des crêtes et des vallées. — Aiguille aimantée. — Température. — Vents, orages et tremblements de terre. — Ressac et ras de marée. 19

CHAPITRE TROISIÈME.

Nuages, brouillards et pluies. — Humidité constante à la surface; ses effets. — La terre reste sèche. — Observations astronomiques rendues difficiles par les nuages. — Des sources. 27

CHAPITRE QUATRIÈME.

Déboisements. — Productions de l'île. — Stérilité des bords. — Effets de l'abolition de l'esclavage. — Effets du vent. — Végétation dans la partie centrale. — Obstacles à la culture. — Légumes et céréales. — Bétail. — Animaux domestiques et sauvages. 35

CHAPITRE CINQUIÈME.

Départ de James-Town. — Les grandes allures ne durent pas. — Rue Napoléon. — Side-Path. — La ville vue d'en haut. — Bâtiments militaires. — Punition infligée aux soldats anglais. — La chasse aux chèvres. — Coup d'œil en face et en arrière. — Derniers établissements de la ville. — Briars, première résidence de l'Empereur. — Première station de la route; point de vue. — Cascade de Briars. 43

CHAPITRE SIXIÈME.

Un bois de saules suivi d'un bois de pins. — Alarm-House. — Effet de vent et de nuages. — Longwood vu de loin et le tombeau de près. — Domaine impérial du val Napoléon. — Il est défriché en entier. — Maison du gardien. — Soldat du génie établi à Sainte-Hélène 53

CHAPITRE SEPTIÈME.

Visite au tombeau. — Travaux de restauration exécutés. — Don d'une pierre au monument de Washington. — Clôture de la tombe. — Soins apportés aux travaux. — Conservation du saule. — Une N en pins. — Première résidence du maréchal Bertrand. — Les chevaux ne se sont pas reposés. — On se remet en route. 63

CHAPITRE HUITIÈME.

Le tombeau vu d'en haut. — Hutt's-Gate. — Le Bol de punch du diable. — Longwood apparaît de nouveau. — Aspect désolé du paysage environnant. — Première grille de Longwood. — Détour vers le plateau de Deadwood. — Campement provisoire de soldats anglais. — Courses de chevaux. . . . 71

CHAPITRE NEUVIÈME.

Retour vers Longwood. — Les remises de Napoléon. — Avenue menant à Longwood. — Effets du vent. — Les pins et les gommiers. — Promenades de l'Empereur. — Arrivée. —

Esplanade. — Transformations subies par Longwood Old-House depuis 1821. — Dégradation des additions modernes. — Retour à l'ancien ordre de choses. 79

CHAPITRE DIXIÈME.

Verandah. — Salon d'attente. — Les croisées à guillotine. — Le salon de l'Empereur. — Son buste en marbre à la place de son lit de mort. — Indication des travaux effectués. — Bâtiment en retour. — A gauche, la bibliothèque et la salle à manger; cabinets en arrière. — A droite, cabinet de travail, chambre à coucher, etc. — Rétablissement fidèle de l'ancien état des lieux. 87

CHAPITRE ONZIÈME.

Logement des serviteurs de Napoléon. — Argenterie et cuisine rasées et relevées. — Petits locaux disparus et réédifiés. — Corridor et salle de billard. — Quelques corps de bâtiment n'ont pas été relevés. 95

CHAPITRE DOUZIÈME.

Jardins particuliers. — Bassin de l'Empereur. — Télégraphe. — Nouveaux effets du vent. — Jardins en avant de la maison et terrains en arrière. — Coup d'œil à l'extérieur du domaine. — Alarm-House, High-Knoll, la mer et Deadwood. — Flagstaff et Barn-Hill. — Dangers de la promenade. — Nègres morts dans les ravins. — Bouquet de pins. — La mer reparaît du côté du vent. — Paysage dénudé et sauvage. — Hauteurs centrales de l'île. — Échappée sur le domaine du val Napoléon. — Chemin de l'Empereur, oublié aujourd'hui. 103

TABLE DES MATIÈRES. 205

CHAPITRE TREIZIÈME.

L'observatoire. — Longwood New-House ; son exposition et son histoire. — Maison Bertrand. — Trace du passage de l'Empereur. — Grille d'enceinte. — Terrains cultivés par les fermiers de Longwood. — Espaces abandonnés. **115**

CHAPITRE QUATORZIÈME.

Route autour du pic de Diane. — Végétation plus riante ; vallon abrité du vent. — Ruisseaux ; nouvelles vallées plus dépouillées. — Pays accidenté et pittoresque. — Amphithéâtre de Sandy-Bay. — Chemin descendant à la mer et à des carrières. — Les voitures ne vont pas partout. — Crête centrale de l'île. — Deux points de vue opposés. — On descend sur l'autre versant. — Route de Hutt's-Gate à Plantation-House ; Oak-Bank **125**

CHAPITRE QUINZIÈME.

Télégraphe de Cason's-Gate. — Route des arbres à chou et station sur le pic de Diane. — Panorama général de toute l'île. — Cuckold's-Point. — Effet de la hauteur au-dessus de la mer. — Rencontre de la route de Sandy-Bay. — Retour au télégraphe de Cason's-Gate. — Excursion vers l'ouest. — Pays dépouillé. — Le cimetière. — Église de Plantation-House. — District boisé. — Le Frère. — Résidence du gouverneur. — Terrain de manœuvres. — High-Knoll. — Aspect du pays **135**

TABLE DES MATIÈRES.

CHAPITRE SEIZIÈME.

Hameau de blanchisseuses. — Ladder-Hill. — L'escalier. — Route pour descendre en ville. — Rue Haute. — Sortie de James-Town. — Barnes'-Road. — Route de Briars. — Rentrée en ville. — Le marché. — Débouché sur la rue du Prince Alfred. — Ventes sous les arbres. — Vue de la mer. — Spéculation sur les navires. — Pavillons des consulats. — Mess des officiers. — Maison des hôtes. — Partie inférieure de la ville. — Le château. — L'hôtel. — Les fourmis blanches. — Ruisseau et prises d'eau. 145

CHAPITRE DIX-SEPTIÈME.

Administration. — Le gouverneur et son entourage. — Établissements publics. — Grand juge. — Tribunaux. — Police correctionnelle. — Institutions religieuses. — Écoles. — La milice et les volontaires. — Sociétés particulières. — Francs-maçons. — Un dernier mot sur les nègres. — Importance de ce dépôt. — Population de l'île. — Éphémérides. . . . 159

CHAPITRE DIX-HUITIÈME.

De l'origine de Sainte-Hélène. — Crête centrale. — Grand cratère. — Décomposition des roches. — Des laves; plusieurs variétés. — Scories magnétiques. — Les calcaires ne peuvent servir, le plâtre existe à peine. — Trois espèces de pierres à bâtir. — Dépôts de coquillages. — Grottes. — Pierre ponce. — Archipel en formation. 169

APPENDICE.

Liste des gouverneurs de Sainte-Hélène. — Taxes principales. — Prix moyen des marchés. — Tableau des navires qui ont

TABLE DES MATIÈRES.

touché à Sainte-Hélène. — Vaisseaux ayant payé le droit de tonnage. — Valeur des importations et des exportations. — Extrait des revenus et des dépenses de l'île. — Composition de l'escadre de la côte d'Afrique. — Principaux arbres et fruits de Sainte-Hélène. **179**

En vente à la même Librairie :

CORRESPONDANCE DE NAPOLÉON IER

PUBLIÉE PAR ORDRE DE L'EMPEREUR NAPOLÉON III.

Les dix premiers volumes sont en vente.

10 très-forts volumes in-8°. — Prix : 60 francs.

Les autres volumes paraîtront successivement tous les trois mois.

ŒUVRES
DE
L'EMPEREUR NAPOLÉON III

Quatre volumes grand in-8° imprimés sur papier vélin.

Prix : 40 francs.

Une Liste comprenant les noms des Souscripteurs sera imprimée pour être placée à la fin du quatrième volume. On est donc prié d'écrire lisiblement ses nom, prénoms et qualités, afin d'éviter toute erreur.

DES IDÉES NAPOLÉONIENNES

Par le prince NAPOLÉON-LOUIS BONAPARTE

Un beau volume in-18 jésus, orné du portrait de l'auteur.

Prix : 3 fr. 50 cent.

DICTIONNAIRE-NAPOLÉON
OU RECUEIL ALPHABÉTIQUE DES OPINIONS ET JUGEMENTS
DE NAPOLÉON IER
AVEC UNE INTRODUCTION ET DES NOTES
Par M. DAMAS-HINARD

Deuxième édition. — 1 volume grand in-8°. — Prix : 10 fr.

ŒUVRES DE NAPOLÉON III
MÉLANGES

1 beau volume in-18. — Prix : 1 fr. 50 cent.

PARIS. TYPOGR 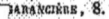ARANCIÈRE, 8.

www.ingramcontent.com/pod-product-compliance
Lightning Source LLC
Chambersburg PA
CBHW060128170426
43198CB00010B/1084